図解で早わかり

改訂新版

社会保険・労働保険の しくみと手続き

社会保険労務士
森島 大吾 [監修]

本書に関するお問い合わせについて

　本書の記述の正誤に関するお問い合わせにつきましては、お手数ですが、小社あてに郵便・ファックス・メールでお願いします。大変恐縮ですが、お電話でのお問い合わせはお受けしておりません。内容によっては、お問い合わせをお受けしてから回答をご送付するまでに1週間から2週間程度を要する場合があります。

　なお、本書でとりあげていない事項についてのご質問、個別の案件についてのご相談、監修者紹介の可否については回答をさせていただくことができません。あらかじめご了承ください。

はじめに

　日本に住んでいる人であれば健康保険や年金制度に加入し、ケガや病気、年をとる老齢に対して、必要な治療や年金を受け取ることができます。さらに、雇用されている会社員であれば、労働災害や失業時には労働保険の制度があります。このような公的保険制度の中で暮らす私たちは、さまざまな恩恵を受けているといえます。そして、これらの公的保険は強制加入であり、保険料が控除されているのを把握しているだけで、詳細な内容を知る機会は少ないのではないでしょうか。また、それぞれの公的保険制度は、別々に機能しているわけではなく密接に関連しています。たとえば、年金制度においては社会保険財政のひっ迫に伴い受給開始年齢の引き上げが検討されています。しかし、受給開始年齢の引き上げに合わせて定年年齢の見直しも不可欠です。年金制度や労働法、雇用保険法などが連携させて改正していかなければなりません。また、副業や兼業が認められつつあることに関しても、今後は業務中・業務外の負傷の境が複雑になってくると予想されます。本書の特徴は、これらをふまえ労働保険と社会保険を網羅的に説明しているところにあります。労働保険の年度更新から保険料決定、報酬月額算定、各種事務手続きまで、複雑な社会保険・労働保険の特徴や給付内容を初学者向けに図解を加えながらやさしく解説しています。

　令和6年10月施行の「短時間労働者に対する健康保険・厚生年金保険の適用拡大」や、令和10年10月１日に開始予定の「雇用保険の適用拡大」など、最新の法改正や保険料率の改定に対応しています。現在検討されている遺族年金制度の見直しなどについても解説しました。

　本書をご活用いただき、皆様のお役に立てていただければ監修者として幸いです。

監修者　社会保険労務士　森島　大吾

CONTENTS

はじめに

PART 1　社会保険・労働保険の全体像

1	公的保険とは	10
2	社会保険は誰が運営しているのか	12
3	社会保険・労働保険事務の電子申請	14
Column	パートタイマーの労働保険や社会保険への加入条件	16

PART 2　労働保険のしくみ

1	労働保険とは	18
2	労働保険料の区分と事務委託	20
3	労働保険への加入手続き	22
4	労働保険料の算定と納付	24
5	労働保険料の計算方法	26
6	保険料率と負担割合	28
7	雇用保険料の計算と免除	30
8	労働保険料の計算	32
9	特別加入者の労災保険料	36
10	労働保険料の督促・滞納処分・延滞金・認定決定	38
資料	労災保険の料率	40

PART 3　労災保険のしくみ

1	労災保険とは	42
2	労災保険の適用対象	44
3	業務災害とは	46
4	通勤災害とは	48
5	労災保険の補償内容	50

6	療養（補償）給付	52
7	休業（補償）給付	54
8	傷病（補償）年金	58
9	障害（補償）給付	60
10	介護補償給付	62
11	遺族（補償）給付	64
12	葬祭料	66
13	二次健康診断等給付	68
14	スライド制と年金の支給方法	70
15	未支給の保険給付・死亡の推定・受給欠格	72
16	支給制限と費用徴収	74
17	事業主の損害賠償との調整	76
18	不法行為による災害の発生	78
19	特別支給金とボーナス特別支給金	80
Column	労災申請手続き	82

PART 4　雇用保険のしくみ

1	雇用保険とは	84
2	適用事業所と被保険者	86
3	適用除外	88
4	基本手当の受給要件と受給額	90
5	基本手当の受給日数と受給期間	92
6	特定受給資格者	94
7	受給日数の延長	96
8	受給期間の延長	98
9	雇用保険の受給手続き	100
10	基本手当の給付制限	102

11	傷病手当と寄宿手当	104
12	その他の求職者給付	106
13	就業促進手当①	108
14	就業促進手当②	110
15	移転費・求職活動支援費	112
16	雇用継続給付	114
17	高年齢者のための雇用継続給付	116
18	日雇労働被保険者	118
19	日雇労働求職者給付金の受給額	120
20	教育訓練給付	122
	資料 退職前後にしておく手続き	124

PART 5　社会保険のしくみ

1	社会保険とは	126
2	社会保険料の決定方法	130
3	報酬	134
4	報酬月額算定の特例	136
5	社会保険の各種手続き①	138
6	社会保険の各種手続き②	140
7	会社や従業員の変更に関する社会保険関係の事務	142
8	社会保険料の督促と滞納処分	144
Column	賞与の源泉徴収と社会保険料	146

PART 6　健康保険のしくみ

1	健康保険とは	148
2	被扶養者の範囲	150
3	療養の給付	152
4	療養費と一部負担金	154

5	保険外併用療養費	156
6	高額療養費	158
7	高額医療・高額介護合算療養費制度	162
8	傷病手当金	164
9	出産した場合の給付	166
10	入院時食事療養費・生活療養費	168
11	家族療養費	170
12	訪問看護療養費と移送費	172
13	死亡した場合の給付	174
14	任意継続被保険者	176
15	退職後の健康保険	178
16	後期高齢者医療制度	180
17	損害賠償請求の代位取得	182
18	日雇労働者	184
19	日雇特例被保険者の保険給付の種類	186
Column	パートタイマーの所得調整・年末調整・社会保険	188

PART 7　年金制度のしくみ

1	公的年金制度の全体像	190
2	公的年金制度がかかえる問題点	192
3	年金保険料の免除・納付猶予	194
4	もらえる老齢基礎年金額の計算方法	196
5	繰上げ支給・繰下げ支給	198
6	老齢基礎年金の受給金額を増やす方法	200
7	厚生年金保険	202
8	もらえる老齢厚生年金の受給要件	204
9	もらえる老齢厚生年金額の計算方法	206
10	老齢厚生年金の支給開始時期	208

11	加給年金と振替加算	210
12	老齢厚生年金の受給額の調整①	212
13	老齢厚生年金の受給額の調整②	214
14	60歳を過ぎても年金に加入できる制度	216
15	老齢年金をもらうための手続き	218
16	障害給付とは	220
17	障害年金の受給要件	222
18	障害年金の受給額	224
19	障害手当金の受給要件と受給額	226
20	障害の程度の変化と改定	228
21	障害給付と労災や健康保険の給付との関係	230
22	障害年金がもらえない場合	232
23	遺族給付とは	234
24	遺族年金の受給要件	236
25	遺族年金の受給額	238
26	遺族厚生年金の特例	240
27	遺族年金がもらえなくなる場合	242
28	第1号被保険者のための特別な遺族給付	244
29	脱退手当金と脱退一時金	246
30	厚生年金の離婚分割	248
31	確定拠出年金(DC)などの新しい年金制度	250
32	3号被保険者制度の見直し	252
33	遺族年金制度の見直し	254

PART 1

社会保険・労働保険の全体像

公的保険とは

社会保険は加入が義務付けられている

■ 保険は相互扶助の精神から生まれた

　将来起こるかもしれない危険（ケガや病気など）に対し、予測される事故発生の確率に見合った一定の保険料を加入者が公平に分担することによって、万一の事故に備える制度が「保険」です。保険は相互扶助の精神から生まれた、助け合いの制度です。保険には、生命保険や損害保険、給料から天引きされる雇用保険や介護保険などさまざまなものがあります。

　これらのうち、生命保険や損害保険のように加入するかどうかが個人の自由にまかせられている保険を私的保険といいます。

　これに対して、労働保険や社会保険は、強制的に加入することが義務付けられている保険です。会社の場合、従業員を1人でも雇った場合には、原則として、労働保険と社会保険に加入する義務があります。

　このように法律で加入が義務付けられている保険のことを公的保険といいます。公的保険は労働保険と社会保険の総称です。

■ 各保険の守備範囲はどうなっているのか

　労働保険は労働者災害補償保険（労災保険）と雇用保険の2つの制度からなります。社会保険は健康保険、厚生年金保険、国民年金、国民健康保険などからなります。これらの保険制度は、制定された過程や目的などからその保険給付の対象（保険給付の原因となる疾病、失業、加齢など）がそれぞれ異なっています。

　ただ、場合によっては、2つ以上の保険の支給対象となることもあります。このような場合はいずれかの保険で支給が調整

保険事由
保険給付の対象のことを、保険事由、保険事故などという。保険事由である失業に対して雇用保険、負傷などに対して労災保険、健康保険、加齢に対して年金保険がある。

加齢
年をとること。

4つの保険制度

労働者災害補償保険	労働者が仕事中や通勤途中に発生した事故などによって負傷したり、病気にかかったりした場合に治療費などの必要な給付を受けることができる。また、障害などの後遺症が残った場合や死亡した場合などについても保険給付がある。
雇用保険	労働者（被保険者）が失業した場合や本人の加齢（年をとること）、家族の育児・介護などのために勤め続けることが困難になった場合に保険給付が行われる。また、再就職を支援するための給付も行う。
健康保険	被保険者とその扶養家族が病気やケガをしたとき（仕事中と通勤途中を除く）に必要な給付を行う。出産した場合や死亡した場合にも一定の給付を行う。
厚生年金保険	被保険者が高齢になったとき、事故等で体に障害が残ったとき、死亡したとき（遺族の所得保障）などに給付を行う。

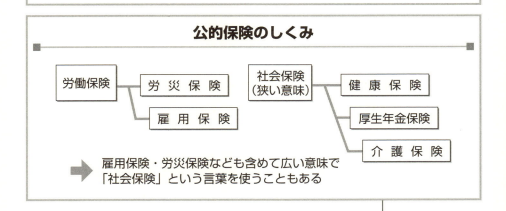

公的保険のしくみ

雇用保険・労災保険なども含めて広い意味で「社会保険」という言葉を使うこともある

（不支給または減額支給）されて、保険の給付を受ける者が二重に給付を受けることがないようになっています。

　労災保険・雇用保険・健康保険・厚生年金保険の内容を簡単にまとめると、上図のとおりです。

PART1 2
社会保険・労働保険の全体像

社会保険は誰が運営しているのか

国や地方公共団体によって運営されている

■ 公的保険の運営主は国と公法人である

　生命保険や損害保険などの私的保険は企業などによって運営されています。これに対して、公的保険は国（政府）または公法人（地方公共団体・全国健康保険協会）によって管理・運営されています。公的保険で給付が行われる場合の財源は、国が負担するものの他、会社などの事業所やそこで働く労働者から徴収する保険料によってまかなわれています。

■ 保険者とは運営主、被保険者とは加入者のこと

　国などのように保険を運営する主体（「管掌」といいます）を保険者といいます。また、保険に加入する者のことを被保険者といいます。正社員として働く会社員などがこれにあたります。
　公的保険（労働保険と社会保険）の制度は、国または公法人（地方公共団体・全国健康保険協会・健康保険組合・国民健康保険組合）が保険者ですが、実際の窓口はそれぞれの保険ごとに違います。
　ここでいう窓口とは、それぞれの保険制度への加入手続や所定の書類の提出を行ったり、保険給付を行う場合の手続をする場所のことです。

■ 公的保険の窓口は国の出先機関である

　労災保険と雇用保険の保険者はともに国（政府）です。ただ、実務的に書類を提出したり、必要な手続を行う窓口になるのは、国の出先機関です。労災保険の場合、厚生労働省の指揮・監督

被保険者
保険に加入する者のこと。各保険制度によって被保険者になれる者となれない者が異なる。また、労災保険にはそもそも被保険者という概念がない。

全国健康保険協会（協会けんぽ）
従来、国で運営されていた政府管掌健康保険を引き継ぐ目的で平成20年10月1日に設立された公法人。東京新宿区に本部を置き、各都道府県に支部が置かれている。

健康保険組合
国に代わって保険者として健康保険事業を営む公法人。事業主、その事業所に使用される被保険者、任意継続被保険者で組織される。

労働保険と社会保険の管轄と窓口

	保険の種類	保険者	管轄	窓口
労働保険	労災保険	国（政府）	都道府県労働局	労働基準監督署
	雇用保険		都道府県労働局	公共職業安定所（ハローワーク）
社会保険	健康保険	全国健康保険協会	全国健康保険協会	協会の都道府県支部 年金事務所
		健康保険組合	健康保険組合	健康保険組合
	厚生年金保険	国（政府）	日本年金機構	年金事務所

の下にある都道府県労働局が保険の適用や保険料の徴収などの事務を行いますが、保険給付等の通常業務はさらに各労働局が指揮・監督する労働基準監督署が行っています。このため、労災保険についての一般的な窓口は労働基準監督署（労基署）となります。

一方、雇用保険も、都道府県労働局の管轄ですが、一般的な窓口は労働局が指揮・監督する公共職業安定所（ハローワーク）になります。

健康保険の運営事務については全国健康保険協会の本部により行われますが、地域の実情をふまえた保険事業を展開するために都道府県支部が設置されています。被保険者の資格取得・喪失、保険料などの納付は年金事務所が、保険給付や任意継続などの手続きは協会の都道府県支部が窓口になります。

また、健康保険組合がある大企業などの場合は健康保険組合自体が窓口になります。

厚生年金保険の窓口は、健康保険と同様に年金事務所となっています。

> **労働局**
> 厚生労働省の地方出先機関として各都道府県に置かれている。各局の下には労働基準監督署および公共職業安定所（ハローワーク）がある。

> **労働基準監督署**
> 労働基準法等の法律に基づき事業場の監督指導、労働保険の加入手続、労災保険の給付等をおもな業務内容とする公的機関。

> **公共職業安定所（ハローワーク）**
> 職業相談・職業紹介や仕事に関するさまざまな情報を提供する公共の機関。

PART1 3 社会保険・労働保険事務の電子申請

社会保険・労働保険の全体像

パソコンを利用して24時間いつでも申請できる

■ 電子申請とは

　従来、社会保険・労働保険などの手続きは、管轄の行政機関（労働基準監督署や日本年金機構など）に出向いて、申請書などの紙を提出することによって行っていました。しかし、現在では、行政手続きについての電子化が進んでいます。社会保険・労働保険関連の申請手続きも同様で、パソコンを使ってインターネット経由で申請を行うことができるようになりました。このように、インターネットを利用してパソコンで申請することを電子申請といいます。

　電子申請のメリットは、システムのメンテナンス時間を除いて、いつでも、どこからでも、申請することができる点です。紙による申請のように、実際に出向いて書類の提出や手数料の納付をすることなく、一連の手続きを済ませることができます。

■ どんな手続きに利用できるのか

　社会保険・労働保険に関するほとんどの手続きについて、イーガブを利用して電子申請することができます。また、電子申請は、社会保険や雇用保険の資格取得手続きなど、多くの手続きで利用することができます。そして、社会保険と雇用保険の資格取得手続きを一緒に行いたい場合には、グループ申請という機能を利用して手続きをまとめて行うこともできます。

　電子申請を行う場合には、申請データに対する電子署名をしなければなりません。この電子署名をするには、認証局が発行する電子証明書が必要になります。

イーガブ（e-Gov）

政府は、電子政府の総合窓口としてイーガブ（e-Gov）というホームページを開設しており、（https://shinsei.e-gov.go.jp/）インターネットを利用した電子申請を行う場合には、この電子政府の総合窓口を利用する。

電子申請を利用した手続きの流れ

電子証明書の取得・プログラムのインストールなど動作環境を整える
→ 電子申請システムの画面で、申請する手続を検索し、申請データを作成する
→ 作成した申請データに電子署名を行い、申請データを保存した上で送信する
→ 受信した申請書の内容と電子署名の検証が行われ、問題がなければ申請書の到達として扱われる
→ 到達番号が申請者に送信されるので申請案件一覧で番号を選択し申請状況を確認する
→ 申請手続きが終了する

※上記の手続きの流れは一般的な流れを概略して記載したもので、代理人申請を行う場合など、手順が異なることもある

次に、電子申請に利用するパソコンを設定します。設定する前に、そのパソコンで電子申請を行うことができるかどうかを確認しておく必要があります。イーガブのサイトに掲載されている要求スペックを確認し、性能の面で問題がないかどうか確認するようにしましょう。

また、申請データ作成をサポートするソフトウェアも多数発売されており、業務支援ソフトウェア製品等を使用することによって、より簡単に電子申請を行うことができるようになってきています。手続きの流れは上図のとおりです。

■ 電子申請できる手続き

たとえば、社会保険であれば「健康保険・厚生年金保険被保険者報酬月額算定基礎届」、労働保険であれば、「労働保険　保険関係成立届」といった手続きで電子申請を利用することができます。

電子証明書とは

身分や所属組織を電子的に証明するもの。この電子署名と電子証明書によって、セキュリティ上安全な電子申請が行えるようになっている。

電子証明書の取得方法

取得には、認証局に対して利用申請書と必要書類一式を郵送し、ICカードなどを郵送してもらう必要がある。ICカードなどを郵送してもらった時点で電子証明書を利用することができるようになる。

PART 1　社会保険・労働保険の全体像　15

Column

パートタイマーの労働保険や社会保険への加入条件

　パートタイマーも、一定の要件に該当すれば、労働保険や社会保険に加入する必要があります（下図）。

　労災保険は、事業所単位で強制加入ですので、パートタイマーも当然に適用対象です。雇用保険は、1週間の労働時間が20時間以上であるなどの要件を満たした労働者が被保険者になります。社会保険は、原則として1週間の労働時間と1か月の労働日数が正社員の4分の3以上の労働者が被保険者になります。1週間の労働時間または1か月の労働日数が正社員の4分の3未満の場合は、①1週の労働時間20時間以上、②月額賃金8.8万円以上（年収106万円以上）、③勤務期間2か月以上（見込みを含む）、④学生でない、⑤従業員が常時、厚生年金保険被保険者数51人以上の企業という要件を満たす労働者も被保険者になります（特定適用事業所）。

■ **パートタイマーと労働保険・社会保険の適用**

保険の種類		加入するための要件
労働保険	労災保険	なし（無条件で加入できる）
	雇用保険	31日以上引き続いて雇用される見込みがあり、かつ、1週間の労働時間が20時間以上であること
社会保険	健康保険	1週間の所定労働時間および1か月の所定労働日数が正社員の4分の3以上であること ※1週間の所定労働時間または1か月の所定労働日数が正社員の4分の3未満で一定条件を満たしていること（本文参照）
	厚生年金保険	

PART 2

労働保険のしくみ

PART2-1 労働保険のしくみ

労働保険とは

事業場ごとに適用される

■ 事業を単位として適用を受ける

　労働者保護の観点から設けられた公的保険である労働保険は、労働者災害補償保険（労災保険）と雇用保険の総称です。

　労働保険では、1人でも労働者を使用する事業場は、事業主の意思に関係なく、原則として適用事業となります。公的保険として強制的に加入しなければなりません。

　労働保険は「事業場」を単位として適用を受けます。事業とは、仕事として反復継続して行われるものすべてを指します。たとえば、本社の他、支社、支店、工場、営業所、出張所などがある会社では、本社だけでなく、支社から出張所に至るまでそれぞれが別々に事業場として成立していることになります。そのため、それぞれの事業場が個別に労働保険の適用を受けることになるので、必要な手続きについても事業場ごとに個別に行います。これが原則です。ただし、支店や営業所において労働保険の手続きを行うことのできる適任者がいないなどの理由がある場合は、本社などの上位の事業所で一括して手続きを行うこともできます。その場合、所定の届出が必要です。

■ 労災保険では継続事業と有期事業を区別している

　労働保険のうち労災保険では、事業の内容によって継続事業と有期事業の2つに分けられています。

　継続事業とは、通常の事業所のように期間が予定されていない事業をいいます。一方、有期事業とは、建設の事業や林業の事業のように、一定の予定期間に所定の事業目的を達成して終

事　業
本店や支店などを総合した企業で行われるものではなく、本店、支店、工場、鉱山、事務所、店舗のように独立した経営体で行われる業務や作業などをいう。

適用事業
雇用保険や労災保険が適用される事業のことを適用事業という。

二元適用事業

① （国を除く）都道府県と市区町村の行う事業
② 都道府県に準ずるものと市区町村に準ずるものが行う事業
③ 東京や横浜などの6大港における港湾運送関係の事業
④ 農林水産などの事業
⑤ 建設の事業

了する事業のことをいいます。継続事業と有期事業は労働保険料の申告書なども違いますので、どちらの事業にあたるのかを確認する必要があります。

■ **労災保険と雇用保険は普通一緒に取り扱う**
　労働保険の保険給付は、労災保険の制度と雇用保険の制度でそれぞれ別個に行われています。
　しかし、保険料の申告・納付は、原則として2つの保険が一緒に取り扱われます。このように、雇用保険と労災保険の申告・納付が一緒に行われる事業のことを一元適用事業といい、大部分の事業が一元適用事業に該当します。そのため、一般的には会社などの事業所を設立して1人でも労働者を雇った場合には、労災保険と雇用保険の両方の保険に同時に加入することになります。
　ただ、労災保険と雇用保険のしくみの違いなどから、事業内容によっては別個の保険関係として取り扱うことがあります。これを二元適用事業といい、上図の①～⑤に掲げる事業が該当します。
　なお、労災保険の有期事業に該当する事業は、必ず二元適用事業に該当することになります。

> **一元適用事業・二元適用事業**
> 一般に、農林漁業・建設業等が二元適用事業で、それ以外の事業が一元適用事業となる。

PART2 2 労働保険のしくみ

労働保険料の区分と事務委託

労働保険の事業にあてるために徴収する

■ 労働保険料は5種類に区分されている

国は、保険給付をはじめとする労働保険の事業の費用にあてるために労働保険料を徴収します。労働保険料は労働者の種類によって①～⑤の5種類に区分されています。一般保険料と特別加入保険料については、保険料率によって決定しますが、印紙保険料については定額制とされています。

特別加入保険料は労災保険料にだけかかる保険料です。

① 一般保険料

事業主が労働者に支払う賃金を基礎として算定する通常の保険料です。単に労働保険料というときは、通常この一般保険料のことを指します。

② 第1種特別加入保険料

中小企業の事業主やその事業に従事する家族従事者などが労災保険に特別に加入する場合の保険料です。

③ 第2種特別加入保険料

大工や左官などの一人親方、個人タクシーの運転手などの個人で自営をする者、またはその家族従事者などが労災保険に加入（特別加入）した場合の保険料です。

④ 第3種特別加入保険料

国内の事業から海外に派遣されている者が労災保険に加入（特別加入）した場合の保険料です。

⑤ 印紙保険料

雇用保険の日雇労働被保険者についても一般保険料は必要ですが、印紙保険料は、一般保険料以外に事業主と日雇労働被保

一人親方
基本的に労働者を使用しないで事業を行っている人のことを一人親方という。

家族従事者
事業主の配偶者や子などの家族で、事業主と同様に業務に常時従事する者のこと。

特別加入
中小企業主、自営業主、家族従事者等は雇用されているわけではないので本来労災保険の対象者とならない。しかし、その業務や通勤の実態、あるいは災害の発生状況からみて労働者に準じて一定の要件のもとに労災保険に特別加入することが認められている。

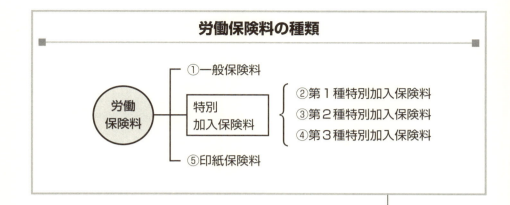

険者がそれぞれ折半で負担して、雇用保険印紙によって（印紙保険料納付計器も使用できる）納付する保険料です。印紙保険料は雇用保険だけにかかる保険料です。

■ 保険事務は労働保険事務組合に委託できる

労働保険の事務負担を軽減するために、小規模な事業を営む事業主は、労働保険事務組合に労働保険事務を委託することができます。

労働保険事務組合とは、事業主の委託を受けて、労働保険の事務を代行する中小事業主などの団体です。労働保険事務組合となるには、厚生労働大臣の認可が必要です。認可を受けているおもな団体としては商工会、商工会議所、事業協同組合などが挙げられます。

■ 委託できるのは中小企業だけである

労働保険事務組合は中小企業の労働保険事務の負担軽減が目的なので、事務組合に事務処理を委託できる事業主は、常時使用する労働者が、金融・保険・不動産・小売業では50人以下、卸売の事業・サービス業では100人以下、その他の事業では300人以下という制限があります。

日雇労働被保険者
日々雇用される者または30日以内の期間を定めて雇用される雇用保険の被保険者のこと。

印紙保険料納付計器
印紙保険料の保全上支障がないことにつき、厚生労働省令で定めるところにより、厚生労働大臣の指定を受けた計器で、厚生労働省令で定める形式の印影を生ずべき印（納付印）を付したもののこと。

PART2
3
労働保険のしくみ

労働保険への加入手続き

労働基準監督署やハローワークで手続をする

■ 一元適用事業と二元適用事業は加入手続が異なる

一元適用事業と二元適用事業（19ページ）とでは労働保険の加入手続が異なりますので、それぞれ別々に確認しておきます。

① 一元適用事業が加入する場合

「労働保険保険関係成立届」を管轄の労働基準監督署に提出します。その上で、その年度分の労働保険料（保険関係が成立した日からその年度の末日までに労働者に支払う賃金の総額の見込額に保険料率を乗じて算出した額となります）を前払いで納付することになります。このように前払いで納める保険料を概算保険料といいます。

労働基準監督署で受け取った保険関係成立届の控えは事業所を管轄する公共職業安定所に持参する必要があります。そして「雇用保険適用事業所設置届」を提出し、同時に労働者の「雇用保険被保険者資格取得届」も提出します。

② 二元適用事業が加入する場合

二元適用事業の場合、保険料の申告・納付も別個に扱うことになります。そのため、労災保険と雇用保険の手続きが異なります。

労災保険の手続きについては、「労働保険保険関係成立届」を管轄の労働基準監督署に提出します。そして、その年度分の労働保険料（労災保険分）を概算保険料として申告・納付することになります。

また、雇用保険の手続きについては、管轄の公共職業安定所に「労働保険保険関係成立届」を提出します。同時に「適用事

概算保険料

継続事業の保険年度（4月1日〜翌年3月31日）の賃金総額を予想し、その金額に労働保険の一般保険料率（雇用保険率＋労災保険率）を掛けたもの。

費用が徴収される場合

故意または重大な過失により成立届未提出 → 労災事故 → 保険給付 → 費用徴収 40％または100％

業所設置届」と「被保険者資格取得届」も提出します。そして、都道府県労働局へ概算保険料（雇用保険分）を申告・納付します。

■ 加入手続を怠るとさかのぼって保険料を徴収される

保険関係成立届を提出していない場合に起きた労災事故であっても、被災労働者は労災の給付を受けることができます。

ただ、事業主が「労働保険保険関係成立届」を提出していない期間について、国は法律上保険関係が成立した時にさかのぼって、保険関係を成立させることになります。その上で、さかのぼった期間の分も含めた労働保険料（最高2年間分、その他追徴金として保険料の10％）が徴収されることになります。

■ 故意または重過失の場合は給付分まで徴収される

事業主が故意（わざと）または重大な過失（あやまち）によって、「労働保険保険関係成立届」を提出していなかった間に労働災害が生じてしまった場合は、労災保険の保険給付を行うたびに国（政府）から費用が徴収されることになります。

徴収される金額は国が労災保険として給付した額の40％または100％相当額です。特に、事業主が故意に手続を行わないものと認定された場合、その災害について支給された保険給付額の100％相当額が徴収されることになっています。

ただ、療養（補償）給付、介護（補償）給付、二次健康診断等給付については、費用徴収がなされません。

療養（補償）給付
業務上または通勤途上の負傷・疾病によって療養を必要とする場合に支給される労災保険の給付。治療を行うという現物給付の「療養の給付」と、現金給付の「療養の費用の支給」の2種類がある。

介護（補償）給付
労災保険による障害（補償）年金または傷病（補償）年金を受ける権利があり、その年金の支給事由となる障害により常時または随時介護を要する状態にある重度被災労働者に対して支給される給付。

二次健康診断等給付
労働安全衛生法に基づく定期健康診断等のうち、直近の一次健康診断で、脳・心臓疾患に関連する一定の項目について異常の所見が認められる場合に、労働者の請求に基づき行う特定保健指導等の労災保険の給付。

PART 2　労働保険のしくみ

PART2 4 労働保険料の算定と納付

労働保険のしくみ

労働保険料は概算で前払いする

■ 労働保険料とは

労働保険料は労災保険料と雇用保険料に大別されます。労災保険料については、そもそも労災事故に対して労働基準法で事業主が補償義務を負い、その義務を肩代わりしているのが労災保険という考え方から、全額、事業主が負担します。一方の雇用保険料は、事業主と被保険者がそれぞれ定められた割合の保険料を負担します。なお、労災保険か雇用保険のどちらか一方の保険関係だけが成立している事業の場合は、その一方の保険料率だけが一般保険料率となります。

■ 中小事業主等の特別加入制度

本来であれば労働者ではない中小事業主やその家族従事者、一人親方その他の自営業者やその家族従業者、海外に派遣される労働者や事業主が労災保険へ特別に加入する制度もあります。

■ 保険料は1年分を概算払いし、翌年に精算する

労働保険の保険料は、年度更新という手続きで毎年6月1日から7月10日までの間に申告と納付を行います。まず、年度当初に1年分の概算保険料を計算して申告・納付し、翌年度に確定保険料として精算する方法をとっているため、事業主は前年度の確定保険料と当年度の概算保険料をあわせて申告・納付します。

年度更新に際して、概算保険料が40万円（労災保険・雇用保険のどちらか一方の保険関係のみ成立する場合は20万円）以上であること、または、労働保険事務組合に労働保険事務の処理

一元適用事業と二元適用事業

一元適用事業（労災保険と雇用保険を同時に扱う事業）の場合、労働保険料の徴収事務の窓口は労働基準監督署である。
一方、二元適用事業（労災保険と雇用保険を別個に扱う事業）は、労働保険料のうち労災保険分を労働基準監督署に、雇用保険分を都道府県労働局にそれぞれ申告・納付する。

を委託する場合は、保険料を3期に分割して納付することができます。このような一括納付の保険料負担を軽減する分割納付制度を「延納」といいます。ただし、10月1日以降に成立した継続事業は分割納付ができず、保険関係成立日から3月末までの保険料を一括納付します。

■ 事業拡大したときは増加概算保険料を申告・納付する

　概算保険料申告書を提出した後、年度の途中に事業規模の拡大で労働者が大幅に増え、賃金総額が増加する場合があります。

　この場合、増加が見込まれる賃金の総額に応じて、新たに増加分の保険料（増加概算保険料）の申告・納付をしなければなりません。増加概算保険料の納付が必要な場合は、賃金総額の見込額が当初の申告額の2倍を超えて増加し、さらに、その賃金総額によって算出された概算保険料額が申告済の概算保険料に比べ13万円以上増加する場合です。

事務処理の委託と延納の納期限

上図の労働保険料の延納の納期限について、労働保険の事務処理を労働保険事務組合へ委託している場合には、第2期と第3期の納期限がカッコ内の11月14日と翌年2月14日に延期される。

PART2 5 労働保険料の計算方法

労働保険のしくみ

賃金総額に保険料率を掛けて求める

■ 労働保険料＝年間賃金総額×一般保険料率

　前述したように、労働保険料は、事業主が1年間に労働者に支払う賃金の総額（見込み額）に一般保険料率（労災保険率と雇用保険率を足しあわせた率）を掛けて算出した額になります。

　保険料の算定にあたって賃金総額に掛ける労災保険率は、業種によって1,000分の2.5〜1,000分の88まで分かれおり、事業主のみが負担することになります。また、雇用保険率は、1000分の15.5〜1000分の18.5まで分かれており（令和6年度）、事業主と労働者が双方で負担することになります。

■ 賃金は給与・手当など名称を問わない

　労働保険料は労働者に支払う賃金の総額に所定の保険率を掛けて算出することになっています。

　賃金とは、賃金、給与、手当、賞与などの名称を問わず労働の対償として、事業主が労働者に支払うすべてのものをいいます。一般的には労働協約、就業規則などによって、支給が事業主に義務付けられているものです。また、原則として所定の現金給付の代わりに現物給付するもの（定期券など）についても賃金となります。ただ、退職金、結婚祝金などは、労働協約、就業規則などで支給が義務付けられていても、賃金として取り扱わなくてもよいとされています。

■ 労災保険に限り、賃金総額の特例で計算できる

　賃金総額を正確に計算することが難しい次ページ図の事業に

労働協約
労働組合と使用者の間で結ばれる取り決めで、組合員の労働条件や使用者と組合との関係を規律するもの。

就業規則
その事業所で労働者が働く際に、事業所と労働者のそれぞれが守るべきルールや労働条件を定めたもの。

現物給付
お金でなく、直接物やサービスを提供すること。

賃金算定の特例が認められている事業

賃金算定の特例
- ①請負による建設の事業
- ②立木の伐採の事業
- ③造林の事業、木炭又は薪を生産する事業、その他の林業の事業
- ④水産動植物の採捕・養殖の事業

ついては、賃金算定の特例によって賃金総額を計算することができます。これは、労災保険の保険料の額の算定に限って認められているもので、雇用保険の保険料の額の算定については、実際に労働者に支払う賃金の総額により保険料の額を算定します。ただ、賃金算定の特例が認められている事業であっても、賃金の算定ができる場合は特例によらず、原則通り実際に労働者に支払う賃金の総額により保険料を計算します。

①の請負による建設の事業の賃金総額は、請負金額に労務費率を掛けて計算します。請負金額とは請負代金の額そのものではなく、注文者から支給を受けた工事用の資材または貸与された機械器具等の価額相当額を加算します。また、機械装置の組立または据付の事業の請負代金の中に機械装置の額が含まれているときは、請負代金の額から、それらの機械装置の額を差し引きます。

②の立木の伐採の事業の賃金総額は、素材1㎥を生産するために必要な労務費の額に生産するすべての素材の材積（木材の体積）を掛けて算出します。

上図の③と④に記載した事業については、厚生労働大臣が定める平均賃金相当額にそれぞれの労働者の使用期間の総日数を掛けて賃金総額を求めます。

> **労務費率**
> 請負金額に占める賃金部分の一般的な割合を比率で表したもの。事業の種類によってあらかじめ定められている。

PART2 6 保険料率と負担割合

労働保険のしくみ

事業の種類によって保険料率が異なる

■ 一般保険料率＝労災保険率＋雇用保険率が原則

一般保険料率とは、一般保険料の額を算定するときに使用する保険料率で、労災保険率と雇用保険率を合計した率のことです。

① 労災保険率

事業の種類ごとに業務の危険性を考慮して定められています。最高1,000分の88（金属鉱業、非金属鉱業または石炭鉱業）から最低1,000分の2.5（通信業、放送業、新聞業または出版業など）に分類されています。労災保険率の中には、通勤災害にかかる率1,000分の0.6が含まれています。労災保険の保険料は、全額事業主が負担します。

② 雇用保険率と負担割合

事業の種類などにより、3段階に分かれます。雇用保険は事業主と被保険者がそれぞれ定められた割合によって、保険料を負担することになります。

■ 事業主の努力で労災保険料は抑えることができる

労災保険の保険率は、上記のように業種によって災害リスクが異なることから、事業の種類ごとに定められています。しかし、事業の種類が同じでも、作業工程、機械設備などの労働環境整備や、事業主の災害防止への努力の違いにより、個々の作業場の災害率には差が生じます。

そこで、保険料負担の公平性の確保と、労働災害防止努力の一層の促進を目的として、労働保険料の割引・割増を行うメリット制が採用されています。メリット制には、継続事業のメ

通勤災害
労働者が通勤中に被った負傷、疾病、障害、死亡のこと。業務中の災害とは区別される。

日雇労働被保険者の保険料
雇用保険の日雇労働被保険者は、日雇いという雇用形態で失業リスクが高いため、本文の雇用保険料に加えて、印紙保険料を負担する。

メリット制が適用される事業

メリット制

① 連続する3保険年度中の各保険年度において、次の@〜©のいずれかに該当する事業

　@ 100人以上の労働者を使用する事業

　⑥ 20人以上100人未満の労働者を使用する事業にあっては、労働者数に労災保険率から通勤災害にかかる率（1,000分の0.6）を引いた率を掛けて求めた数が0.4以上であること

　© 有期事業の一括の適用を受けている建設の事業又は立木の伐採の事業については、連続する3保険年度中の各保険年度の確定保険料の額が40万円以上であること

② 連続する3保険年度の最後の保険年度に属する3月31日（基準日）現在において、労災保険の保険関係が成立後3年以上経過している事業

リット制、中小事業主のための特例メリット制、有期事業のメリット制、の3種類があります。

継続事業のメリット制が適用されるためには、上図の①及び②の要件を満たすことが必要です。図中の要件に、「100人以上」「40万円以上」「3年以上」とあるように、メリット制が適用されるためにはある程度の規模の事業が一定期間以上続いていることが必要ということになります。

以上のような要件を満たしている事業において、連続する3保険年度の保険料に対する保険給付の割合（収支率）が100分の85を超えた場合、または100分の75以下となった場合にメリット制が適用されます。具体的には、100分の85を超えた場合には労災保険率は引き上げられ、逆に100分の75以下となった場合には引き下げられます。

メリット制
個々の事業における災害防止努力の結果に応じて、保険料の額を増減させる制度。

労災隠し
メリット制の適用を受けたいがために、労災の申請を嫌がる事業主がいることが問題視されている。

PART2 7 雇用保険料の計算と免除

労働保険のしくみ

事業の種類によって保険料率が異なる

■ 雇用保険の保険料率は事業によって異なる

　雇用保険の保険料は事業主と労働者がそれぞれ負担します。事業主は、労働者に支払う賃金や賞与の中から保険料を預かり、事業主負担分とあわせて国（政府）に納付します。

　労働者から徴収する保険料は、労働者の賃金総額に労働者負担分の保険料率を掛けて算出します。雇用保険の保険料率は業種によって異なり、令和6年4月1日から令和7年3月31日までの雇用保険料率は、次ページ図のとおりです。この保険料率の中には、事業主が全額負担することになる雇用保険二事業の率（図中の①と②の事業は1000分の3.5、③の事業は1000分の4.5）が含まれていて、雇用保険二事業の率を除いた部分を労働者と事業主が折半して負担するしくみになっています。

　雇用保険料が徴収される賃金については次ページ図を参照してください。

> **雇用二事業の保険料率**
> 雇用保険の会社負担分に含まれている雇用二事業の保険料率（雇用二事業率）とは、雇用二事業（雇用安定事業、能力開発事業）として行う各種助成金や施設の運営等にかかる率のこと。

■ 雇用保険には高齢者の保険料を免除する制度が存在した

　従前、保険年度（4月1日～翌年3月31日）の初日（4月1日）に満64歳以上の被保険者は、その年度以降、雇用保険料が免除されていました。免除されていたのは、被保険者負担分と事業主負担分の両方の保険料です。平成29年（2017年）の法改正で65歳以上の労働者も雇用保険の被保険者（高年齢被保険者）となることに合わせ、高齢者の保険料の免除制度は、平成31年度の経過措置をもって廃止されました。そのため、令和2年4月からは年齢にかかわらず雇用保険料の徴収が必要となりました。

雇用保険料が徴収される賃金と料率

●雇用保険料率（令和6年4月1日から令和7年3月31日まで）

事業区分 \ 雇用保険率	雇用保険率	事業主負担率	被保険者負担率
① 一般の事業	15.5/1000	9.5/1000	6/1000
② 農林水産事業 ※1 清酒製造の事業	17.5/1000	10.5/1000	7/1000
③ 建設の事業	18.5/1000	11.5/1000	7/1000

※1 「農林水産事業」のうち牛馬の飼育、養鶏、酪農、養豚、園芸サービス及び内水面養殖事業は「一般の事業」に該当する

●賃金に含まれるものと含まれないもの

賃金に含まれるもの	賃金に含まれないもの
○基本給 ○超過勤務手当、深夜手当、休日手当 ○扶養手当、子供手当、家族手当 ○日直・宿直料 ○役職手当・管理職手当 ○地域手当 ○教育手当 ○別居手当 ○技能手当 ○特殊作業手当 ○奨励手当 ○物価手当 ○調整手当 ○賞与 ○通勤手当 ○通勤定期券、回数券 ○皆勤手当 ○さかのぼって昇給した場合に支給される差額の給与 ○有給休暇日の給与 ○休業手当 　（労働基準法第26条の規定に基づくもの） ○所得税・雇用保険料・社会保険料等の労働者負担分を事業主が負担する場合 ○チップ 　（奉仕料の配分として事業主から受けるもの） ○住居の利益 　（社宅等の貸与を行っている場合のうち貸与を受けない者に対し均衡上住宅手当を支給する場合）	○労働基準法第76条の規定に基づく休業補償 ○退職金 ○結婚祝金 ○死亡弔慰金 ○出張旅費・宿泊旅費 ○解雇予告手当 ○制服、赴任手当 ○会社が全額負担する生命保険の掛金 ○役員報酬 ○災害見舞金、出産見舞金等 　（いずれも、労働協約等によって事業主にその支給が義務付けられていても賃金として取り扱わない） ○住居の利益 　（一部の社員に社宅等の貸与を行っているが、他の者に均衡給与が支給されない場合）

PART2 8 労働保険のしくみ

労働保険料の計算

労働保険料の精算手続きをする

高齢者の保険料免除制度の廃止
令和2年度から、4月1日現在で64歳以上の労働者について雇用保険料を免除しない。

■ 年度更新の計算例

　まず、労災保険と雇用保険の保険料について、計算式を確認しておきましょう。令和5年度の概算保険料と確定保険料は令和5年度の料率、令和6年度の概算保険料については、令和6年度の料率を使用しています。労災保険の保険料は次の算式で算出します。

> 全労働者の賃金総額の見込額×労災保険率

　また、雇用保険の保険料は、以下の算式で算出します。

> 全労働者の賃金総額の見込額×雇用保険率

　次ページに記載した、「株式会社ささき商事」についての労働保険料の設例を基に計算してみましょう。

■ 令和5年度の概算保険料の計算（手順1）

　まず、 手順1 として、令和5年度に納付した保険料を確認しておきます。不動産業の労災保険率は、令和5年度は1000分の2.5でした。雇用保険料率については、不動産業の事業区分は「一般の事業」ですから、一般の事業の料率を使用します。令和5年度の保険料を計算する際には、令和6年度の料率ではなく、令和5年度の料率を使用します。令和5年度の一般の事業の雇用保険料率は、1000分の15.5です。

設例(株式会社ささき商事についての労働保険料)

> 株式会社ささき商事(不動産業、従業員数30人)の令和5年と令和6年の賃金総額は以下のとおり。
>
> ・令和5年度見込額:29,820千円
> ・令和5年度実績額:33,820千円
> ・令和6年度見込額:33,820千円

① 労災保険の保険料

29,820千円 ×(2.5 / 1000)= 74,550円

② 雇用保険の保険料

29,820千円 ×(15.5 / 1000)= 462,210円

③ 令和5年度の概算保険料額

74,550円 + 462,210円 = 536,760円

したがって、株式会社ささき商事は令和5年度分の概算保険料として、令和5年度中に536,760円を納めたはずです。

■ 令和5年度の確定保険料の計算(手順2)

次に 手順2 として、令和5年度の確定した保険料額を計算します。確定保険料納付時には、概算保険料納付時と異なり、石綿健康被害救済法に基づく一般拠出金(令和5年度の一般拠出金率は1000分の0.02)の納付が必要です。

① 労災保険の保険料

33,820千円 ×(2.5 / 1000)= 84,550円

② 雇用保険の保険料

雇用保険の保険料からは、対象外の臨時労働者分を除いて算定します。

一般拠出金

平成19年度から始まった石綿健康被害救済のために負担する費用のこと。労災保険が適用される全事業主が対象になる。
確定保険料納付時に納付するもので、概算保険料納付時には納付しない。
一般拠出金率は令和6年度は1000分の0.02となっている。

（33,820千円）×（15.5／1,000）＝524,210円
③　令和5年分の確定保険料額
　　84,550円＋524,210円＝608,760円
④　一般拠出金
　　33,820千円×（0.02／1,000）＝676円（小数点以下切り捨て）

■ 令和6年度の概算保険料の計算（手順3）

　続いて 手順3 として、翌年、つまり令和6年度の概算保険料を計算します。

　令和6年度の概算保険料については、1年間に使用する労働者に支払う賃金総額の見込額を基に計算します。ただし、年度更新では、申告年度の賃金総額の見込額が前年度の賃金総額の100分の50以上100分の200以下、要するに半分以上2倍以下の場合には、前年度の賃金総額をそのまま申告年度の賃金総額の見込額として使用することになっています。

　株式会社ささき商事の令和6年度の賃金総額見込額である「33,820千円」は、令和6年度の確定賃金総額である「33,820千円」の100分の50以上100分の200以下ですから、令和5年度の実績賃金総額を基礎として、令和6年度の概算保険料を計算することになります。令和6年度の料率（不動産業の労災保険率は1000分の2.5、一般の事業についての雇用保険料率は1000分の15.5）を使用します。

①　労災保険の保険料
　　33,820千円×（2.5／1,000）＝84,550円
②　雇用保険の保険料
　　（33,820千円）×（15.5／1,000）＝524,210円
③　令和6年分の概算保険料額
　　84,550円＋524,210円＝608,760円

令和5年度と令和6年度の料率

令和6年度の労災保険率は改正が行われたため、事業の種類によっては、令和5年度と異なる料率を用いて計算する。雇用保険料率は、全業種において令和5年度と同様であるため、同じ料率を用いて計算することになる。

設例「株式会社ささき商事」の年度更新

年度更新 → 前年度に概算で納めた保険料の精算
　　　　 → 今年度の概算保険料の納付

● 設例の「株式会社ささき商事」の令和6年度の年度更新
　令和5年度：納付額が **7万2000円不足！**
➡ 一般拠出金、令和6年度の概算保険料とともに納付する
　（3回で分納する場合の納付金額は以下のとおり）

第1期（7/10まで）	第2期（原則10/31まで※）	3回目（原則翌年1/31まで※）
27万5596円	20万2920円	20万2920円

※ 労働保険事務組合に事務処理を委託する場合は14日延長できる

■ それぞれの回の納付額を計算する

　株式会社ささき商事の令和6年度の申告・納付の手続きを整理しましょう。まず、令和5年度の概算保険料として納付した額は536,760円ですから、確定した令和5年度の保険料額（確定保険料）608,760円に対して、72,000円不足しています。この不足額に一般拠出金676円を足した72,676円を、令和6年度の概算保険料の第1期納期限（7月10日）までに納付します。

　また、令和6年度の概算保険料については、一括納付が原則ですが、株式会社ささき商事は概算保険料が40万円以上ですから、労働保険事務組合に労働保険の事務処理を委託することなく、労働保険料を3回に分割して納付することができます。608,760円は3で割り切れますが、割り切れなかった場合の1円未満の端数は第1期に納付することになります。

　結局、それぞれの回の納付額は、第1期275,596円（202,920円＋72,000円＋676円）、第2期202,920円（10月31日が納期限）、第3期202,920円（翌年1月31日が納期限）となります。

PART2 9 特別加入者の労災保険料

労働保険のしくみ

特別加入者の保険料には3つの種類がある

■ 特別加入保険料の額はどうなっているのか

特別加入者（44ページ）が労災保険に加入する際に都道府県労働局長によって承認された給付基礎日額を365倍した額（特別加入保険料算定基礎額）の総額に第1～3種特別加入保険料率を掛けた額となります。

> 特別加入保険料＝保険料算定基礎額の総額×第1～3種特別加入保険料率

① 第1種特別加入保険料は事業主とその家族が対象

中小事業主やその事業に従事している家族（家族従事者）が特別に労災保険への加入を認められた場合の保険料です。特別加入保険料算定基礎額は、最低3,500円から最高25,000円までの範囲内で（次ページ図）、特別加入者本人が申請した額に基づき都道府県労働局長が承認した給付基礎日額に365を掛けた額となります。なお、第1種特別加入保険料率は一般の労災保険率と同じものを使用します。

② 第2種特別加入保険料は自営業者が対象

大工や左官などの一人親方や個人タクシーの運転手などのように個人で営業している者などが労災保険に加入する場合の保険料です。家内労働者については、2,000円、2,500円、3,000円、という額を算定基礎日額とすることもできます。第2種特別加入保険料率は従事する作業の種類によって異なり、1,000分の3から1,000分の52までの26種類が定められています。

給付基礎日額
労災保険のそれぞれの給付の計算の基礎となるもので、被災労働者の1日あたりの平均賃金のこと。

フリーランスの特別加入
令和6年11月から、フリーランス（業務委託を受ける事業者で従業員を使用しないもの）についても、労災保険の特別加入ができるようになる。

第1種～第3種特別加入保険料算定基礎額

給付基礎日額	保険料算定基礎額
25,000円	9,125,000円
24,000円	8,760,000円
22,000円	8,030,000円
20,000円	7,300,000円
18,000円	6,570,000円
16,000円	5,840,000円
14,000円	5,110,000円
12,000円	4,380,000円
10,000円	3,650,000円
9,000円	3,285,000円
8,000円	2,920,000円
7,000円	2,555,000円
6,000円	2,190,000円
5,000円	1,825,000円
4,000円	1,460,000円
3,500円	1,277,500円
(第2種特別加入者のうち家内労働者のみ適用)	
3,000円	1,095,000円
2,500円	912,500円
2,000円	730,000円

③ 第3種特別加入保険料は海外派遣者が対象

　国内の事業から海外に派遣されている者が労災保険に加入する場合の保険料です。第3種特別加入保険料の額は、特別加入者本人が申請し、都道府県労働局長が承認した給付基礎日額（3,500円～25,000円の範囲内）を365倍した額（特別加入保険料算定基礎額）の総額に第3種特別加入保険料率を掛けて計算します。第1種や第2種と異なり、第3種特別加入保険料だけは特別加入保険料率が定率になっていて、現在のところ、1,000分の3です。

PART2 10 労働保険料の督促・滞納処分・延滞金・認定決定

労働保険のしくみ

保険料を滞納すると督促状が来る

■ 督促状で改めて納付期限が指定される

　事業主が労働保険料を法定の納付期限（納期限）までに納付しない場合、督促状の送付によって納付が促されます。督促状は事業主宛に送付されます。この場合、督促状によって納付を指定する期限は、督促状を発する日から起算して10日以上経過した日とすることになっています。

　督促状によって指定された期限までにその督促にかかる労働保険料を納付しなかった場合、国税滞納処分の例によって、財産差押えなどの処分（滞納処分）がなされます。国税の滞納処分の順序は、督促→財産の差押え→財産の換価→換価代金の配当等となっています。

■ さらに延滞金が発生する

　督促による指定期限までに労働保険料の納付がなされなかった場合は、その滞納期間中について労働保険料の額に対して、延滞金が徴収されます。延滞金は概算保険料についても徴収されることになっています。延滞金は、労働保険料の1,000円未満の部分は切り捨てて計算します。延滞金の利率は原則、年14.6％（ただし納期限の翌日から2か月を経過するまでの期間は年7.3％）です。ただし、延滞金の割合の特例があり、原則よりも低い利率が適用される場合もあります。

　なお、延滞金が徴収される延滞期間とは、当初の法定の納付期限の翌日からその労働保険料の完納まで、または財産差押えの日の前日までとなります。

認定決定が行われる場合

認定決定
- ①概算（確定）保険料申告書が所定の期限（期日）までに提出されないとき
  ※（　）内は確定保険料の場合
- ②提出された申告書の内容に誤りがあるとき

■ 概算保険料を政府が決定する場合とは

　上図の場合には、政府が職権により労働保険料の額を決定することになります（概算保険料の認定決定）。

　認定決定の通知は、事業主に対して納付書を発送することにより行われます。認定決定の通知を受けた事業主は、通知を受けた日（翌日起算）から数えて15日以内に、その納付書により保険料を納付しなければなりません。

　認定決定が行われた概算保険料についても延納制度を利用して保険料を納付することができます。この場合においても、最初の期の納付期限は、通知を受けた日の翌日から起算して15日以内で変わりありません。

■ 確定保険料を政府が決定する場合とは

　事業主が確定保険料申告書を提出しないとき、または提出された確定保険料申告書の記載に誤りがあると政府が認めたときは、政府が職権により、確定保険料の額を認定決定します。

　確定保険料の認定決定の通知は納入告知書により行われます。確定保険料の認定決定が行われる場合、納付額（1,000円未満切り捨て）の100分の10の額の追徴金が徴収されます。

認定決定
政府（歳入徴収官）の職権により、本来納付すべき確定保険料の額が決められること。概算保険料、印紙保険料にも認定決定がある。

延納
分割納付すること。

追徴金
事業主等が納付すべき保険料を不当に納付しない場合に、懲罰的な徴収金として科せられるもの。

資料　労災保険の料率

労災保険率表

(単位：1/1,000)　　　　　　　　　　　　　　　　　　　　　　　　　　　　(令和6年4月1日施行)

事業の種類の分類	事業種類番号	事業の種類	労災保険率
林業	02又は03	林業	52
漁業	11	海面漁業（定置網漁業又は海面魚類養殖業を除く。）	18
	12	定置網漁業又は海面魚類養殖業	37
鉱業	21	金属鉱業、非金属鉱業（石灰石鉱業又はドロマイト鉱業を除く。）又は石炭鉱業	88
	23	石灰石鉱業又はドロマイト鉱業	13
	24	原油又は天然ガス鉱業	2.5
	25	採石業	37
	26	その他の鉱業	26
建設事業	31	水力発電施設、ずい道等新設事業	34
	32	道路新設事業	11
	33	舗装工事業	9
	34	鉄道又は軌道新設事業	9
	35	建築事業（既設建築物設備工事業を除く。）	9.5
	38	既設建築物設備工事業	12
	36	機械装置の組立て又は据付けの事業	6
	37	その他の建設事業	15
製造業	41	食料品製造業	5.5
	42	繊維工業又は繊維製品製造業	4
	44	木材又は木製品製造業	13
	45	パルプ又は紙製造業	7
	46	印刷又は製本業	3.5
	47	化学工業	4.5
	48	ガラス又はセメント製造業	6
	66	コンクリート製造業	13
	62	陶磁器製品製造業	17
	49	その他の窯業又は土石製品製造業	23
	50	金属精錬業（非鉄金属精錬業を除く。）	6.5
	51	非鉄金属精錬業	7
	52	金属材料品製造業（鋳物業を除く。）	5
	53	鋳物業	16
	54	金属製品製造業又は金属加工業（洋食器、刃物、手工具又は一般金物製造業及びめっき業を除く。）	9
	63	洋食器、刃物、手工具又は一般金物製造業（めっき業を除く。）	6.5
	55	めっき業	6.5
	56	機械器具製造業（電気機械器具製造業、輸送用機械器具製造業、船舶製造又は修理業及び計量器、光学機械、時計等製造業を除く。）	5
	57	電気機械器具製造業	3
	58	輸送用機械器具製造業（船舶製造又は修理業を除く。）	4
	59	船舶製造又は修理業	23
	60	計量器、光学機械、時計等製造業（電気機械器具製造業を除く。）	2.5
	64	貴金属製品、装身具、皮革製品等製造業	3.5
	61	その他の製造業	6
運輸業	71	交通運輸事業	4
	72	貨物取扱事業（港湾貨物取扱事業及び港湾荷役業を除く。）	8.5
	73	港湾貨物取扱事業（港湾荷役業を除く。）	9
	74	港湾荷役業	12
電気、ガス、水道又は熱供給の事業	81	電気、ガス、水道又は熱供給の事業	3
その他の事業	95	農業又は海面漁業以外の漁業	13
	91	清掃、火葬又はと畜の事業	13
	93	ビルメンテナンス業	6
	96	倉庫業、警備業、消毒又は害虫駆除の事業又はゴルフ場の事業	6.5
	97	通信業、放送業、新聞業又は出版業	2.5
	98	卸売業・小売業、飲食店又は宿泊業	3
	99	金融業、保険業又は不動産業	2.5
	94	その他の各種事業	3
	90	船舶所有者の事業	42

PART 3

労災保険のしくみ

PART3
1 労災保険とは

労災保険のしくみ

仕事中にケガをしたときの補償である

■ 労災保険は仕事中・通勤途中の事故を対象とする

労働者災害補償保険（労災保険）は、仕事中や通勤途中に発生した労働者のケガ、病気、障害、死亡に対して、迅速で公正な保護をするために必要な保険給付を行うことをおもな目的としています。また、その他にも、負傷労働者やその遺族の救済を図るためにさまざまな社会復帰促進等事業を行っています。労災保険は労働者の稼得能力（働いて収入を得る能力）の損失に対する補てんをするために、必要な保険給付を行う公的保険制度ということになります。

労災保険は事業所ごとに適用されるのが原則です。本社の他に支社や工場などがある会社については、本社も支社も、それぞれ独自に労災保険に加入することになります。ただ、支店などで労働保険の事務処理を行う者がいないなどの一定の理由がある場合には、本社で事務処理を一括して行うこともできます。

■ 1人でも雇うと自動的に労災保険が適用になる

労災保険は労働者を1人でも使用する事業を強制的に適用事業とすることにしています。つまり、労働者を雇った場合には自動的に労災保険の適用事業所になります。届出があってはじめて労災保険が適用されるわけではありません。ただし、個人経営の農林水産業の一部（次ページ図）では、従業員が家族だけという場合もあるため、事業主が申請し厚生労働大臣の許可があって初めて、適用事業所と取り扱うことになります（暫定任意適用事業）。

社会復帰促進等事業

労災による被災労働者の社会復帰の促進、その遺族に対する援護等を行う事業。
社会復帰促進等事業には、①社会復帰促進事業、②被災労働者等援護事業、③安全衛生の確保等を図るための事業がある。

暫定任意適用事業

暫定任意適用事業（個人経営の事業）
- ①農業・畜産・養蚕の事業で、常時使用労働者数が5人未満のもの
- ②林業で労働者を常時使用せず、年間使用延労働者数が300人未満のもの
- ③常時使用労働者数が5人未満の事業で、総トン数5t未満の漁船による事業と特定水面で操業する総トン数30t未満の漁船による漁業

■ 労災保険が適用される労働者と保険料

　労災保険の対象となる労働者については、その事業所で労働者として働いている者すべてに労災保険が適用されます。労働者とは、正社員であるかどうかにかかわらず、アルバイト・日雇労働者や不法就労外国人であっても、賃金を支払われているすべての人が対象となります。労働者にあたるかどうかの判断は、①使用従属関係があるかどうかと、②会社から賃金（給与や報酬など）の支払いを受けているかどうかによって決まります。

　代表取締役などの会社の代表者は労働者ではなく、使用者であるため、原則として労災保険は適用されません。一方で、工場長や部長などの兼務役員については、会社の代表権をもたないことから、労災保険の適用があります。また、同居の親族については、使用従属関係があり、他の労働者と同じ就業実態がある場合は、適用されます。

　労災保険の保険料は、業務の種類ごとに、1000分の2.5～1000分の88まで定められています（40ページ）。保険料は全額事業主が負担しますので、給与計算事務において、労働者の給与から労災保険料を差し引くということはありません。

> **不法就労外国人**
> 留学や観光のための資格ビザで日本に入国したにもかかわらず、資格外活動許可を得ることなく、仕事に就いて賃金を得ている外国人労働者のこと。

PART3 2　労災保険の適用対象

労災保険のしくみ

就労形態に関係なく適用される

■ 労災保険はすべての労働者に適用される

　労災保険は、労働者を保護するための保険です。正社員やパート、日雇労働者などの雇用形態は関係なく、労働者であればすべての労働者に適用されます。ただし、会社の代表取締役などは労働者ではなく「使用者」であるため、労災保険は適用されません。これに対して、代表権をもたない工場長や部長などの兼務役員には適用されます。つまり、労働者かどうかは、①使用従属関係があるか、②会社から賃金の支払いを受けているか、の２つの要素によって決まります。

■ 個人事業主などは特別加入できる

　本来、労災保険が適用されない会社の代表者や個人事業主などであっても、現実の就労実態から考えて一定の要件に該当する場合には、例外的に特別に労災保険に加入し補償を受けることができます。この制度を特別加入といいます。特別加入することができる者は、以下の①〜③の３種類に分けられています。

① **第１種特別加入者**

　中小企業の事業主（代表者）とその家族従事者、その会社の役員が第１種特別加入者となります。ただ、中小企業（事業）の範囲を特定するために常時使用する労働者の数に制限があり、業種によって図（次ページ）のように異なります。

　第１種特別加入者として特別加入するためには、ⓐその者の事業所が労災保険に加入しており、労働保険事務組合に労働保険事務を委託していること、ⓑ家族従事者も含めて加入するこ

特別加入の手続き
所轄労働基準監督署を経由して都道府県労働局長に特別加入申請書を提出する。
添付書類については、特別加入の種類ごとに異なる。第１種、第２種については、事務組合や一人親方ごとに異なるため、提出の際に確認することが必要。

第1種特別加入者として認められるための要件

業　　種	労働者数
金融業・保険業・不動産業・小売業	50人以下
卸売業・サービス業	100人以下
その他の事業	300人以下

と、が必要です。

② **第2種特別加入者**

第2種特別加入者はさらに、ⓐ一人親方等、ⓑ特定作業従事者の2種類に分かれています。

ⓐ **一人親方等**

個人タクシーや左官などの事業で、労働者を使用しないで行うことを常態としている者のことです。

ⓑ **特定作業従事者**

農業の従事者など、災害発生率の高い作業（特定作業）に従事している者が特定作業従事者となります。

第2種特別加入者の特別加入のための要件は、ⓐとⓑ共通で、所属団体が特別加入の承認を受けていることが必要です。

③ **第3種特別加入者**

海外に派遣される労働者（一時的な海外出張者を除く）については、日本国内の労災保険の効力が及ばないため、一定の条件を満たした場合に限り、労災保険に第3種特別加入者として加入する方法があります。海外派遣者が第3種特別加入者に該当するための要件は、派遣元の国内の事業について労災の保険関係が成立していることと、派遣元の国内の事業が有期事業でないことのいずれも満たすことです。

海外出張と海外派遣

海外出張と海外派遣は、社内での言葉の使い分けや海外滞在期間の長短ではなく、以下のように勤務の実態によって総合的に判断されることになる。

・海外出張
単に労働の提供の場が海外にあるにすぎず、国内の事業場に所属し、その事業場の使用者の指揮に従って勤務すること。

・海外派遣
海外の事業場に所属し、その事業場の使用者の指揮に従って勤務すること。

PART3
3 業務災害とは

労災保険のしくみ

業務遂行性と業務起因性によって判断する

■ 業務災害は仕事中に起きた事故

労災保険は、業務災害と通勤災害を対象としています。

業務災害とは、労働者の仕事（業務）中に起きた事故によるケガ、病気、障害、死亡のことです。業務上の災害といえるかどうかは、労働者が事業主の支配下にある場合（＝業務遂行性）、および、業務（仕事）が原因で災害が発生した場合（＝業務起因性）、という２つの基準で判断されます。たとえば、以下のようなときに起こった災害が業務災害として認められ、その判断は労働基準監督署が行います。

① 労働時間中の災害

仕事に従事している時や、作業の準備・後片付け中の災害は、原則として業務災害として認められます。

また、用便や給水などによって業務が一時的に中断している間についても事業主の支配下にあることから、業務に付随する行為を行っているものとして取り扱い、労働時間に含めることになっています。

② 昼休みや休憩中など業務に従事していないときの災害

事業所での休憩時間や昼休みなどの業務に従事していない時間については、社内（会社の敷地内）にいるのであれば、事業主の支配下にあるといえます。ただし、休憩時間などに業務とは関係なく行った行為は個人的な行為としてみなされ、その行為によって負傷などをした場合であっても業務災害にはなりません。

なお、その災害が事業場の施設の欠陥によるものであれば、業務に従事していない時間の災害であっても、事業用施設の管

業務災害と判断されるとどうなるのか

業務災害と判断された場合は、労災保険による補償を受けることができる。補償には保険給付によるものと社会復帰促進等事業に分類される。
保険給付の場合はおもに以下のような給付が提供される。
・負傷・疾病した場合
　療養補償給付・休業補償給付・傷病補償年金
・障害を負った場合
　障害補償給付
・介護を受ける場合
　介護補償給付
・死亡した場合
　（遺族に）遺族補償給付・葬祭料
・脳血管、心臓疾患が発生するおそれがある場合
　二次健康診断等給付

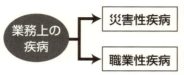

理下にあるものとして、業務災害となります。

③ **出張中で事業所の外で業務に従事している場合**

　出張中は事業主の下から離れているものの、事業主の命令を受けて仕事をしているため、事業主の支配下にあります。したがって、出張中の災害については、ほとんどの場合は業務中に発生したものとして、業務災害となります。

　ただし、業務時間中に発生した災害であっても、その災害と業務との間に関連性が認められない場合は、業務遂行性も業務起因性も認められず、業務災害にはなりません。たとえば、就業時間中に脳卒中などが発症し転倒して負傷したケースなどが考えられます。脳卒中が業務に起因していると認定されなければ、たとえ就業時間中の負傷であっても業務災害にはなりません。

■ 業務上の疾病には災害性疾病と職業性疾病がある

　業務上の疾病には、上図のように2種類があります。

　災害性疾病とは、事故による負傷が原因で疾病になるもの、または、事故による有害作用で疾病になるもののことです。

　一方、職業性疾病とは、長期間にわたり有害作用を受けることによって徐々に発病する疾病のことです。たとえば、じん肺症、頸肩腕症候群、潜水病、皮膚疾患、中皮腫などです。アスベスト（石綿）と中皮腫の関係はその典型例といえます。

精神障害の労災認定

精神障害の労災認定では、「業務による強い心理的負荷があったかどうか」が要件のひとつである。生死に関わる極度の苦痛、極度の長時間労働などが該当する。

PART3 4 通勤災害とは

労災保険のしくみ

労災は通勤途中の事故についても補償する

通勤災害
労働者が通勤中に被った負傷、疾病、障害、死亡のこと。

労災保険法7条
通勤について、労働者が就業に関し、住居と就業の場所との間などを「合理的な経路および方法」により往復することとし、「業務の性質を有するものを除くものとする」と定めている。

逸脱
労働者が通勤に際して、合理的な経路からはずれること。

中断
通勤の間に通勤とは関係のない行為を行うこと。

■ 複数の事業所間の移動も通勤に含まれる

　通勤災害とは、通勤途中に発生した災害のことです。たとえば、労働者が通勤途中の駅の階段で転び、ケガをした場合などです。また、複数の事業場で就労している者の事業所間の移動および単身赴任者の赴任先住居と帰省先住居間の移動についても通勤に含まれますので、この間の事故についても労災保険を利用することができます。

■「寄り道」には適用されない

　たとえば、帰宅途中にパチンコ店に立ち寄り、小1時間ほどパチンコをした場合、パチンコ店に入った時点から後については、通勤として認められません。これに対して、帰宅途中、選挙のため投票所に立ち寄る場合などは、日常生活上必要な行為とみなされますから、投票を終えて通常の経路に戻った時点からは通勤となります。

　このように通勤途中で通勤とは無関係な目的のため通常の通勤経路からいったん外れることを逸脱といいます。また、通勤途中で通勤とは無関係の行為を行うことを中断といいます。逸脱・中断の間とその後は、日常生活上必要な行為である場合を除き、通勤には含みません。

　これに対して、通勤途中で近くにある公衆トイレを使用する場合や駅構内でジュースを立ち飲む行為など、ささいな行為と認められる行為についてはそのささいな行為を行っている時間も含めて通勤時間と扱います。

通勤の定義

	例
「就業に関し」とは	・業務の終了後、事業場施設内でサークル活動などをした後に帰途につくような場合、活動を長時間（2時間が目安）にわたって行うように、就業と帰宅との直接的関連性を失わせるような事情がないときは就業との関連性が認められる ・遅刻やラッシュを避けるための早出など、通常の出勤時刻と時間的にある程度の前後があっても就業との関連は認められる
「住居」とは	・労働者が家族の住む自宅とは別に就業の場所の近くにアパートを借り、そこから通勤している場合には、自宅とアパートが住居となる ・単身赴任者で、通常は赴任地のアパートから通勤し、毎週末家族の住む自宅に帰って、月曜日にそこから直接出勤していて、その途中で事故にあったような場合でも、家族の住む自宅が「住居」に該当するものと認められる ・天災や交通ストライキなどのため、やむを得ず会社近くのホテルなどに泊まる場合は、そのホテルが住居となる ・友人宅で麻雀をして翌朝そこから直接出勤する場合は、その友人宅は就業の拠点となっているのではないため住居とは認められない
「就業の場所」とは	・得意先に届け物をしてから自宅に直接帰る場合のその得意先は就業の場所となる
「合理的な経路および方法」とは	・会社に届けてある鉄道、バスなどの通常利用する経路 ・経路の道路工事など当日の交通事情のために迂回する場合の経路 ・特段の理由もないのに著しく遠回りするような場合は合理的な経路とは認められない
「業務の性質を有するもの」とは（通勤災害ではなく業務災害となる）	・事業主の提供する専門交通機関（会社専用の送迎バスなど）を利用して行う出退勤は業務に含む ・突発的事故などによる緊急用務のため、休日に呼び出しを受け緊急出勤する場合は住居を出た時から業務に含む

※個別の事情により通勤災害と認められるかどうかの判断が分かれる場合もある

逸脱・中断の取扱い

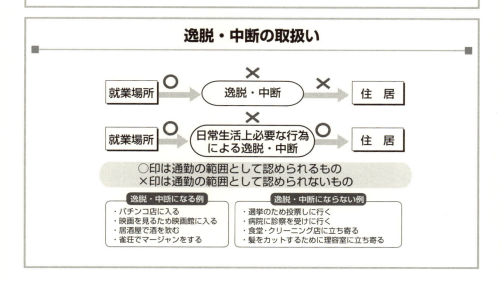

PART 3　労災保険のしくみ

PART3 5 労災保険の補償内容

労災保険のしくみ

必要に応じた8つの給付がある

■ 労災保険の給付は業務災害と通勤災害に分かれている

　労働者災害補償保険の給付は、業務災害と通勤災害の2つに分かれています。

　業務災害と通勤災害は、給付の内容は基本的に変わりません。しかし、給付を受けるための手続きで使用する各提出書類の種類が異なります。

　業務災害の保険給付には、療養補償給付、休業補償給付、障害補償給付、遺族補償給付、葬祭料、傷病補償年金、介護補償給付、二次健康診断等給付の8つがあります。

　一方、通勤災害の保険給付には療養給付、休業給付、障害給付、遺族給付、葬祭給付、傷病年金、介護給付があります。

　これらの保険給付の名称を見ると、業務災害には「補償」という2文字が入っていますが、通勤災害には入っていません。これは、業務災害については、労働基準法によって事業主に補償義務があるのに対して、通勤災害の場合は、事業主に補償義務がないためです。

　たとえば、休業補償給付と休業給付は療養のため休業をした日から3日間は支給されません。この3日間を待期期間といいます。ただ、業務災害の場合は、上記のように労働基準法によって事業主に補償義務があるため、待期期間の3日間については休業補償をしなければなりません。一方で、休業給付については、通勤災害に起因することから、事業主は休業補償を行う必要はありません。

　なお、業務災害と通勤災害の保険給付の支給事由と支給内容

通勤災害

通勤災害とは、労働者が通勤する際に追った負傷・疾病・障害・死亡をいう。たとえば、①居住地と就業場所間の往復時、②就業場所から他の就業場所へ移動する場合、③単身赴任者の帰省先から就業場所への往復時、などが挙げられる。
ただし、やむを得ない理由を除き、通勤時の移動経路を逸脱した場合は通勤とは認められない。

労災保険の給付内容

目的	労働基準法の災害補償では十分な補償が行われない場合に国（政府）が管掌する労災保険に加入してもらい、使用者の共同負担によって補償がより確実に行われるようにする	
対象	業務災害と通勤災害	
業務災害（通勤災害）給付の種類	療養補償給付（療養給付）	病院に入院・通院等した場合の費用
	休業補償給付（休業給付）	療養のために仕事をする事ができず給料をもらえない場合の補償
	障害補償給付（障害給付）	傷病の治癒後に障害が残った場合に障害の程度に応じて補償
	遺族補償給付（遺族給付）	労災で死亡した場合に遺族に対して支払われるもの
	葬祭料（葬祭給付）	葬儀を行う人に対して支払われるもの
	傷病補償年金（傷病年金）	治療が長引き1年6か月経っても治らなかった場合に年金の形式で支給
	介護補償給付（介護給付）	介護を要する被災労働者に対して支払われるもの
	二次健康診断等給付	二次健康診断や特定保健指導を受ける労働者に支払われるもの

は、ほとんど同じです。そこで、本書では、業務災害と通勤災害の保険給付をまとめて「○○（補償）給付」などと表記しています。

■ 労災保険は社会復帰促進等事業も行っている

労災保険では、業務災害または通勤災害による被災労働者やその遺族に対する各種の保険給付を行います。

また、その他に被災労働者の社会復帰の促進、被災労働者やその遺族の援護、適正な労働条件の確保などのサービスも行っています。これが社会復帰促進等事業です。社会復帰促進等事業は大きく社会復帰促進事業、被災労働者等援護事業、安全衛生・労働条件等の確保事業に分かれています。

PART3 6 療養（補償）給付

労災保険のしくみ

ケガや病気をしたときの給付である

■ 療養（補償）給付には現物給付と現金給付がある

労働者が仕事中や通勤途中にケガをしたときや、仕事が原因で病気にかかって病院などで診療を受けたときは、療養（補償）給付が支給されます。療養（補償）給付には、①療養の給付、②療養の費用の支給、の2種類の方式で行うことが認められています。

① 療養の給付

労災病院や指定病院などの診察を無料で受けることができます。つまり、治療の「現物給付」になります。なお、本書では、労災病院と指定病院などをまとめて、「指定医療機関」といいます。

② 療養の費用の支給

業務災害や通勤災害で負傷などをした場合の治療は、指定医療機関で受けるのが原則です。

しかし、負傷の程度によっては一刻を争うような場合もあり、指定医療機関になっていない近くの病院などにかけ込むことがあります。指定医療機関以外の医療機関では、労災保険の療養の給付による現物給付（治療行為）を受けることができないため、被災労働者が治療費を実費で立替払いをすることになります。

この場合、被災労働者が立て替えて支払った治療費は、後日、労災保険から「療養の費用」として現金で支給を受けることができます。つまり、療養の費用は、療養の給付に替わる「現金給付」ということです。

現物給付

サービスの提供など、現金以外の形態の給付のこと。療養の給付は現物給付であるため、療養費を支払う必要はない。

療養（補償）給付の申請

医療機関が労災保険指定病院等の場合には、「療養の給付請求書」を医療機関経由で労働基準監督署長に提出する。

療養の費用の請求

医療機関が労災保険指定病院等でない場合には、いったん医療費を立て替えた上で「療養の費用請求書」を労働基準監督署長に提出し、現金給付を受ける。受けた治療の内容によって使用する療養の費用請求書の用紙（様式）が異なる。労災の指定病院以外で治療を受けた場合やギプスなどの装具を装着した場合は「療養補償給付たる療養の費用請求書」を提出する。

労災から受けられる治療のための給付

療養（補償）給付
- ①療養の給付 … 現物給付
  → 「治療行為」という現物をもらう
- ②療養の費用の支給 … 現金給付
  → 後日かかった費用が支払われる

■ 指定医療機関は変更（転院）することができる

　業務災害や通勤災害によって負傷したために労災保険の指定医療機関で治療を受けた場合、1回の治療では足らず、その後も治療のために何回か通院する必要があるケースや、症状によっては入院しなければならないケースがあります。

　通院または入院することとなった指定医療機関が自宅から近ければ問題はないものの、出張先で負傷して治療を受けた場合などのように指定医療機関が自宅から離れているときは、近くの指定医療機関に転院することができます。また、現在治療を受けている指定医療機関では施設が不十分なため、効果的な治療ができない場合などにも指定医療機関を変えることができます。

　指定医療機関を変更する場合は、変更後の指定医療機関を経由して所轄の労働基準監督署長に所定の届出を提出する必要があります。この届出を「療養（補償）給付たる療養の給付を受ける指定病院等（変更）届」といいます。この届出を提出することで変更後の指定医療機関で引き続き労災保険による療養（補償）給付の現物給付（治療など）を受けることができます。

　なお、指定医療機関になっていない医療機関に転院する場合は、被災労働者のほうで治療費の全額をいったん立て替えて、後日、療養の費用の支給を受けます。

PART 3　労災保険のしくみ

PART3 7 休業（補償）給付

労災保険のしくみ

会社などを休んだ場合の収入の補償である

■ 休業（補償）給付は所得補償として支給される

　労働者が仕事中や通勤途中の災害で働くことができず、収入が得られない場合には、労災保険から休業（補償）給付の支給を受けることができます。

　休業（補償）給付は、療養中の労働者の生活保障（所得補償）を目的として支給されるもので、給付基礎日額の6割が支給されます。また、休業（補償）給付に加えて給付基礎日額の2割の特別支給金が支給されるため、合計としては給付基礎日額の8割の金額が被災労働者に支給されます。

　休業（補償）給付　＝　給付基礎日額の60％　×　休業日数
　休業特別支給金　　＝　給付基礎日額の20％　×　休業日数

■ 1日のうち一部分だけ働く場合

　被災労働者の負傷の程度によっては、1日の所定労働時間のうち一部分だけ働き、その分について賃金の支給を受けることができる場合があります。そのような場合、休業（補償）給付の支給額が減額支給されます。

　1日のうち一部分だけ働いて賃金の支払いを受けた場合の支給額は、1日当たり「（給付基礎日額－労働に対して支払われる賃金額）×60％」という式によって算出します。

　たとえば、給付基礎日額が1日1万円の労働者が被災した場合の休業（補償）給付を計算します。この労働者が午前中のみ働いて5,000円の賃金を受けることができた場合、労災保険は1日当たり3,000円（＝（10,000円－5,000円）×60％）が支給されます。

複数の事業場に使用されている労働者の場合の支給額

休業（補償）等給付＝複数就業先にかかる給付基礎日額に相当する額を合算した額の60％×休業日数
休業特別支給金＝複数就業先にかかる給付基礎日額に相当する額を合算した額の20％×休業日数

休業（補償）給付のしくみ

休業（補償）給付 → 療養のため休業して賃金の支払いを受けないときの給付

支給要件
① 業務上の傷病により療養していること
② 療養のため労働ができないこと
③ 労働ができないため賃金を受けられないこと
④ 3日間の待期期間を満たしていること

支給額※　給付基礎日額の
休業（補償）給付　60％
休業特別支給金　　20％

休業4日目以降、労務不能で賃金を受けられない期間の日数分が支給される

※一の事業場のみに使用されている労働者の場合

■ 3日間の待期期間がある

　休業（補償）給付は、療養のため労働することができずに賃金を受けられない日の4日目から支給されます。療養のため労働することができなかった最初の3日間を待期期間（待機ではなく待期）といい、休業（補償）給付の支給がありません。待期期間は連続している必要はなく、通算して3日間あればよいことになっています。待期期間の3日間については、業務災害の場合、事業主に休業補償の義務があります。

　待期期間の3日間を数えるにあたり、労働者が所定労働時間内に被災し、かつ被災日当日に療養を受けた場合は、被災日当日を1日目としてカウントします。しかし、所定労働時間外の残業時間中などに被災した場合は、たとえ被災日当日に療養を受けたとしても被災日の翌日を1日目とします。

　なお、休業（補償）給付の受給中に退職した場合は、要件を充たす限り支給が続きます。ただ、療養の開始後1年6か月が経った時点でその傷病が治っていない場合には、傷病（補償）年金に切り替えられる場合があります。

また、事業所では業務災害によって労働者が死亡し、または休業したときは、「労働者死傷病報告書」という書類を所轄労働基準監督署に提出しなければなりません。

■ 給付基礎日額は労働者の1日当たりの稼得能力

労災保険の休業（補償）給付を算出する場合に計算の基礎とした労働者の賃金の平均額を、給付基礎日額といいます。給付基礎日額は労働者の一生活日（休日なども含めた暦日のこと）当たりの稼得能力を金額で表したものです。

給付基礎日額は通常、次の①の原則の計算方法によって算出された平均賃金に相当する額をいいます。ただ、原則の計算方法で給付基礎日額を計算することが不適切な場合は、①以外の②～⑤のいずれかの方法によって計算することになります。

① 原則の計算方法

事故が発生した日以前3か月間にその労働者に実際に支払われた賃金の総額を、その期間の暦日数で割った金額です。ただ、賃金締切日があるときは、事故が発生した直前の賃金締切日からさかのぼった3か月間の賃金総額になります。

② 最低保障平均賃金

労働者の賃金が日給、時間給、出来高給の場合は、平均賃金算定期間内に支払われた賃金総額を、その期間中に実際に労働した日数で割った額の60％の額と①の原則の計算方法で計算した額のいずれか高い方の額となります。

③ 原則の計算方法と最低保障平均賃金の混合した平均賃金

賃金の一部が月給制で、その他に時給制で支給されている賃金がある場合などに用いる計算方法です。月給制の賃金は①の原則の計算方法で計算し、時給制などの賃金は②の最低保障平均賃金で計算します。そして、両方の額を合算して①の原則の計算方法で計算した額と比較して高い方の額を給付基礎日額とします。

労働者死傷病報告書

労働者が労働災害や就業中の負傷などにより、休業、死亡した場合、所轄労働基準監督署に遅延なく提出する必要がある。ただし、休業が4日未満の場合は四半期に1度まとめて提出することができる。

稼得能力

収入を得る能力のこと。

給付基礎日額の算出例

【原則式】…賃金締切日が20日の場合

事故日7/3

3/20 — 暦日数31日 — 4/20 — 暦日数30日 — 5/20 — 暦日数31日 — 6/20 —————— 7/20

| 3月分賃金 25万円 | 4月分賃金 23万円 | 5月分賃金 33万円 | 6月分賃金 31万円 | 7月分賃金 29万円 |

事故が発生した直前の賃金締切日からさかのぼって3か月間の賃金で計算する

① 給付基礎日額 = (4月賃金総額 + 5月賃金総額 + 6月賃金総額) / 3か月の暦日数

= (28万円 + 33万円 + 31万円) / (31日 + 30日 + 31日) = 10,000円

※4,090円に満たない場合は4,090円とする

【最低保障額】…労働者が日給、時給、出来高払給の場合

② 給付基礎日額 = (4月賃金総額 + 5月賃金総額 + 6月賃金総額) / 上記3か月で実際に労働した日数 × 60%

①と②を比べて高い方を給付基礎日額とする

月給制の賃金と時給制の賃金が混在する場合

賃金	基本給(時給)	1,000円/時	②で計算
	時間外手当	1,250円/時	
	皆勤手当	5,000円/月	①で計算
	通勤手当	4,100円/月	

この①、②の合計とすべて①で計算した場合の額とで、高い方とする

④ 算定期間中に私傷病による休業期間がある場合

　私傷病によって休業した期間の「日数」とその休業期間中に支払われた「賃金額」を控除して算定した額と、①の原則の計算方法で計算した額を比較していずれか高いほうの額を給付基礎日額とします。

⑤ 給付基礎日額の最低保障額

　算定された給付基礎日額が4,090円（令和6年8月1日から令和7年7月31日までの間に支給事由が生じたもの）に満たない場合は、4,090円が給付基礎日額になります。

PART 3　労災保険のしくみ

PART3 8 傷病（補償）年金

労災保険のしくみ

ケガや病気が長引いたときの補償である

■ 労基署長の職権で支給決定される

　傷病（補償）年金は、労災保険の他の給付と異なり、労働者からの請求により支給がなされる給付ではありません。傷病（補償）年金は一定の要件に該当する場合に所轄労働基準監督署長の職権で支給決定する給付（年金）です。

　傷病（補償）年金は、仕事中（または通勤途中）の傷病（ケガまたは病気）によって、労働者が療養を開始後1年6か月経過した日、またはその日以後に、次のいずれにも該当する場合に支給されます。

① その傷病が治っていないこと
② 傷病の障害の程度が傷病等級の1級～3級に該当すること

　療養開始後1年6か月を経過しても障害の程度が傷病等級に該当しない場合は、傷病（補償）年金は支給されずに、休業（補償）給付（54ページ）が支給されることになります。

　傷病（補償）年金が支給されることになった場合、同時に特別支給金も支給されることになります。支給される特別支給金は、傷病特別支給金と傷病特別年金です。

　傷病特別支給金は該当する傷病等級に応じて定額（114万円、107万円、100万円のいずれかの額）の一時金が支給されるものです。傷病特別年金は該当する傷病等級に応じて年金を支給するものです。傷病（補償）年金の支給決定は実務上、療養開始後1年6か月を経過した日から1か月以内に被災労働者が「傷病の状態等に関する届」という書類を所轄労働基準監督署（長）に提出することによって行います。

休業（補償）給付との関係

傷病（補償）年金が支給される場合は、休業（補償）給付は支給されない。療養が続いている場合は、療養（補償）給付は併給される。

特別支給金

労災保険の受給権者に対し、社会復帰促進等事業から保険給付とは別に支給される支給金（上乗せ給付）のこと。

傷病（補償）年金のしくみ

傷病（補償）年金 → 業務上の傷病が1年6か月経過後も治っておらず、傷病による障害の程度が一定の障害等級に該当しているときに支給

労働者が請求するのではなく → 労働基準監督署長の決定により支給

年金給付が支給される

傷病等級	傷病（補償）年金	傷病特別支給金	傷病特別年金
第1級	給付基礎日額の313日分	114万円	算定基礎日額の313日分
第2級	給付基礎日額の277日分	107万円	算定基礎日額の277日分
第3級	給付基礎日額の245日分	100万円	算定基礎日額の245日分

傷病（補償）年金のための傷病等級表

傷病等級	給付の内容	障害の状態
第1級	当該障害の状態が継続している期間1年につき給付基礎日額の313日分	(1) 神経系統の機能又は精神に著しい障害を有し、常に介護を要するもの (2) 胸腹部臓器の機能に著しい障害を有し、常に介護を要するもの (3) 両眼が失明しているもの (4) そしゃく及び言語の機能を廃しているもの (5) 両上肢をひじ関節以上で失ったもの (6) 両上肢の用を全廃しているもの (7) 両下肢をひざ関節以上で失ったもの (8) 両下肢の用を全廃しているもの (9) 前各号に定めるものと同程度以上の障害の状態にあるもの
第2級	同 277日分	(1) 神経系統の機能又は精神に著しい障害を有し、随時介護を要するもの (2) 胸腹部臓器の機能に著しい障害を有し、随時介護を要するもの (3) 両眼の視力が0.02以下になっているもの (4) 両上肢を腕関節以上で失ったもの (5) 両下肢を足関節以上で失ったもの (6) 前各号に定めるものと同程度以上の障害の状態にあるもの
第3級	同 245日分	(1) 神経系統の機能又は精神に著しい障害を有し、常に労務に服することができないもの (2) 胸腹部臓器の機能に著しい障害を有し、常に労務に服することができないもの (3) 一眼が失明し、他眼の視力が0.06以下になっているもの (4) そしゃく又は言語の機能を廃しているもの (5) 両手の手指の全部を失ったもの (6) 第1号及び第2号に定めるものの他、常に労務に服することができないものその他前各号に定めるものと同程度以上の障害の状態にあるもの

PART3 9 障害（補償）給付

労災保険のしくみ

障害が残ったときの補償がある

治癒
傷病の状態が安定（固定）して、これ以上治療の効果が期待できない状態のこと。

■ 障害（補償）給付は後遺症に対して支給される

　労働者が業務上（または通勤途中）負傷し、または病気にかかった場合、そのケガまたは病気が治った（治癒）としても障害が残ってしまうこともあります。そのような場合にその障害の程度に応じて支給される労災保険の給付が障害（補償）給付です。ここでいう「治ったとき」とは、完治や全快ということではなく、傷病の症状が安定して、これ以上治療を行っても症状が良くも悪くもならない状態になったことを意味します。

■ 障害（補償）給付は14種類に区分される

　障害の程度によって1～14等級の障害等級にわかれます。第1級から第7級に該当した場合には障害（補償）年金が支給されます。第8級から第14級に該当した場合には障害（補償）一時金が支給されます。

　第1級～第7級の場合は給付基礎日額の313日～131日分の障害（補償）年金、第8級～第14級の場合は給付基礎日額の503日～56日分の障害（補償）一時金が支給されます。

　また、障害（補償）年金が支給される者には障害特別支給金と障害特別年金が支給され、障害（補償）一時金が支給される者には障害特別支給金と障害特別一時金がそれぞれ支給されます。

■ 前払一時金の制度もある

　治癒直後においては、一時的に資金を必要とすることも多く、被災労働者や家族の要求に応えるために、障害（補償）年金受

障害（補償）給付の支給額

障害等級	障害（補償）年金	障害特別支給金	障害特別年金
第1級	給付基礎日額の313日分	342万円	算定基礎日額の313日分
第2級	給付基礎日額の277日分	320万円	算定基礎日額の277日分
第3級	給付基礎日額の245日分	300万円	算定基礎日額の245日分
第4級	給付基礎日額の213日分	264万円	算定基礎日額の213日分
第5級	給付基礎日額の184日分	225万円	算定基礎日額の184日分
第6級	給付基礎日額の156日分	192万円	算定基礎日額の156日分
第7級	給付基礎日額の131日分	159万円	算定基礎日額の131日分

（第1級〜第7級：年金／一時金／年金）
障害等級1〜7級に認定

障害等級	障害（補償）一時金	障害特別支給金	障害特別一時金
第8級	給付基礎日額の503日分	65万円	算定基礎日額の503日分
第9級	給付基礎日額の391日分	50万円	算定基礎日額の391日分
第10級	給付基礎日額の302日分	39万円	算定基礎日額の302日分
第11級	給付基礎日額の223日分	29万円	算定基礎日額の223日分
第12級	給付基礎日額の156日分	20万円	算定基礎日額の156日分
第13級	給付基礎日額の101日分	14万円	算定基礎日額の101日分
第14級	給付基礎日額の 56日分	8万円	算定基礎日額の 56日分

障害等級8〜14級に認定

給権者の請求に基づいて、一定額までまとめて前払いする障害（補償）年金前払一時金の制度が設けられています。

また、障害（補償）年金を受けていた労働者が受給開始直後に死亡した場合、障害（補償）年金前払一時金の最高額まで受け取っていないという不公平なケースもあり得ます。そこでその遺族に対して、障害（補償）年金前払一時金の最高額と、すでに支給された年金額もしくは一時金の差額を、障害（補償）年金差額一時金として支給する制度もあります。

前払一時金・差額一時金の請求

障害（補償）年金の前払一時金を請求する場合には、障害（補償）年金前払一時金請求書を提出する。
また、差額一時金の支給を希望する場合には、障害（補償）年金差額一時金支給請求書を提出する。

介護補償給付

PART3 10 労災保険のしくみ

介護を受けている場合に支給される給付

■ 介護（補償）給付を受けられる場合とは

業務災害や通勤災害で、一定の障害が残ってしまった場合、障害（補償）年金や傷病（補償）年金が支給されます。しかし、障害の程度によっては介護が必要になる場合があるため、障害（補償）年金などでは不十分となり、介護費用の負担が増大するおそれがあります。また、近年では核家族化などにより家族間での介護ではなく民間の介護事業所から介護サービスを受けることも増え、さらに費用負担が大きくなる可能性があります。

そこで、介護に要した費用を労災保険の中から給付できるしくみがあります。

具体的には、介護（補償）給付の対象者は、障害（補償）年金または傷病（補償）年金の1級と2級の受給権者で、常時または随時介護を受けている必要があります。ただし、2級の受給権者は、精神神経・胸腹部臓器に障害をもつ受給権者に限られます。介護を行う者は、民間の有料の介護サービスだけに限定されず、親族、友人などによって介護を受けている場合も含まれます。

また、受給権者が①障害者支援施設（生活介護を受けている場合）、②特別養護老人ホーム、③原子爆弾被爆者特別養護ホーム、④病院または診療所に入所している間は、十分な介護サービスが受けられているものと考えられるため、支給対象にはなりません。

■ 介護（補償）給付には上限と下限がある

給付は月を単位として支給されます。支給額は、受給対象者

介護（補償）給付の受給

介護（補償）給付は月単位で給付される。そのため、月の途中で介護を開始し、介護費用を支払った場合、その月については限度額の範囲内で介護費用が支給されるが、介護費用を支払わないで親族などから介護を受けた場合、当該月は支給の対象にならない。

請求の際の注意点

介護（補償）給付支給申請書を所轄の労働基準監督署長へ提出する。その際、介護の費用を支出している場合には、介護日数や介護費用を証明する書類を添付する。請求は原則として1か月単位であるが、3か月程度まとめて請求することもできる。

介護補償給付

介護(補償)給付
- 常時介護必要
  ① 民間の介護サービスを利用する場合
     …支出した額（上限 177,950 円）
  ② 親族などが介護を行う場合で支出した額が 81,290 円未満
     …一律 81,290 円
  ③ 親族などが介護を行う場合で支出した額が 81,290 円以上
     …支出した額（上限 177,950 円）
- 随時介護必要
  ① 民間の介護サービスを利用する場合
     …支出した額（上限 88,980 円）
  ② 親族などが介護を行う場合で支出した額が 40,600 円未満
     …一律 40,600 円
  ③ 親族などが介護を行う場合で支出した額が 40,600 円以上
     …支出した額（上限 88,980 円）

が常時介護を受けているか随時介護を受けているかによって異なります。親族などによる介護の有無によっても異なります。

① **受給対象者が常時介護を必要とする場合**

　民間の介護サービスを利用した場合には177,950円を上限として実際の支出に応じた介護費用が支給されます。親族などが介護を行った場合には、現実に支出した費用が81,290円未満の場合には、費用が発生していなくても一律81,290円が支給されます。81,290円を上回って費用を支出した場合は、177,950円を上限として、その額が支給されます。

② **受給対象者が随時介護を必要とする場合**

　民間の介護サービスを利用した場合には88,980円を上限として実際の支出に応じた介護費用が支給されます。親族などが介護を行った場合には、現実に支出した費用が40,600円未満の場合には、費用が発生していなくても一律40,600円が支給されます。40,600円を上回って費用を支出した場合は、88,980円を上限として、その額が支給されます。

PART 3　労災保険のしくみ

PART3 11 遺族（補償）給付

労災保険のしくみ

本人が亡くなったときの遺族への補償である

■ 遺族（補償）給付は遺族の生活保障を目的とする

　労働者が仕事中（業務上）または通勤途中に死亡した場合に、残された遺族の生活保障を目的として支給されるのが労災保険の遺族（補償）給付です。

　遺族（補償）年金の受給資格者がいる場合には、その者に遺族（補償）年金が支給されます。遺族（補償）年金の受給資格者がいない場合や、遺族（補償）年金の受給資格者はいるがその権利が消滅し、他に年金を受け取る遺族がいない場合には、一定の遺族に遺族（補償）一時金が支給されます。

■ 受給権者だけが給付を受けられる

　遺族（補償）年金を受ける権利のある遺族を「受給資格者」といいます。

　受給資格者になることができる遺族は、労働者の死亡当時にその労働者の収入によって生計を維持していた配偶者、子、父母、孫、祖父母、兄弟姉妹です。この場合の配偶者には、事実上婚姻関係（内縁関係）と同様の事情にある者を含みます。また、妻以外の遺族については、18歳未満であることや一定の障害状態にあることなどの要件があります。18歳未満というのは、18歳になってから最初の3月31日までの者を指します。

　これらの受給資格者のうち、最も先順位の者（遺族）だけが受給権者となって、実際に遺族（補償）年金を受給することになります。

　なお、労働者が労災事故で死亡した場合、受給権者（遺族）

配偶者
夫から見た妻、あるいは妻から見た夫のこと。

若年支給停止
一定の障害状態にない夫・父母・祖父母は、労働者の死亡当時55歳以上でなければ遺族（補償）年金を受給することができない。ただ、55歳以上であっても60歳未満の場合には60歳になるまで支給が停止される。これを若年支給停止という。

遺族（補償）給付

生計維持の人数	遺族（補償）年金		遺族特別支給金 ※2	遺族特別年金 ※2	
1人	年金	給付基礎日額の153日分	一時金 300万円	年金	算定基礎日額の153日分
		給付基礎日額の175日分 ※1			算定基礎日額の175日分
2人		給付基礎日額の201日分			算定基礎日額の201日分
3人		給付基礎日額の223日分			算定基礎日額の223日分
4人以上		給付基礎日額の245日分			算定基礎日額の245日分

※1 55歳以上の妻、または一定障害の妻の場合の支給日数です。
※2 遺族特別支給金、遺族特別年金というのは遺族（補償）年金に加えて行われる給付です。遺族特別年金の支給額の単位となる算定基礎日額は、原則として1年間に支払われたボーナスの総額を基にして決定します。

は給付基礎日額の最高1,000日分まで（200日単位）の希望する額の一時金を前払いで請求することができます。これを遺族（補償）年金前払一時金といいます。

■ 受給権者が2人以上のときは等分して支給される

　労災で亡くなった労働者の遺族に対しては、遺族（補償）年金が支給されますが、遺族（補償）年金は遺族の数に応じて支給額が変わります。受給権者が2人以上あるときは、遺族（補償）年金の支給額を等分した額がそれぞれの受給権者に支給されます。さらに、特別支給金として遺族特別支給金（一時金）と遺族特別年金が支給されます。

　ただ、遺族は誰でもよいわけではありません。続柄や年齢などの制限があり、受給権の順位も決まっていて、最先順位の遺族だけに支給されます。なお、最先順位の遺族が死亡や婚姻などにより受給権者でなくなったときは、次順位の遺族が受給することになります。これを転給といいます。

> **特別支給金**
> 労災保険の受給権者に対し、社会復帰促進等事業から保険給付とは別に支給される支給金（上乗せ給付）のこと。

PART 3　労災保険のしくみ

葬祭料

PART3 12 労災保険のしくみ

一定額の葬祭費用が支給される

■ 葬祭料は遺族や葬儀を行った者に支給される

葬祭料（葬祭給付）は、労働者が業務上または通勤途中に死亡した場合に、死亡した労働者の遺族に対して支給されます。

業務上の災害などで死亡した場合の給付を「葬祭料」、通勤途中の災害などで死亡した場合の給付を「葬祭給付」といいます。

葬祭料（葬祭給付）の支給対象者は、実際に葬祭を行う者で、原則として死亡した労働者の遺族です。

ただし、遺族が葬儀を行わないことが明らかな場合には、実際に葬儀を行った友人、知人、近隣の人などに支払われます。

また、社葬を行った場合は、会社に対して葬祭料が支給されます。なお、葬祭を行う遺族がいないわけではなく、会社が「恩恵的、功労的趣旨」で社葬を行った場合には、葬祭料は会社ではなく遺族に支払われます。

葬祭料（葬祭給付）は、次の①と②の２つを比較していずれか高いほうの金額が支給されます。

① 315,000円＋給付基礎日額の30日分
② 給付基礎日額の60日分

■ 葬祭料はどのように請求するのか

葬祭料（葬祭給付）を実際に請求する場合は、死亡した労働者が勤めていた事業所の所轄労働基準監督署に「葬祭料請求書」または「葬祭給付請求書」を提出します。死亡した労働者の住所地の所轄労働基準監督署ではないので注意が必要です。

葬祭料（葬祭給付）を請求する場合の添付書類には、死亡診

給付基礎日額
労働基準法12条における平均賃金に相当する額をいう。「算定事由発生日以前３か月間に支払われた賃金の総額」を「算定事由発生日以前３か月間の総日数」で除して求める１日相当の賃金のこと。

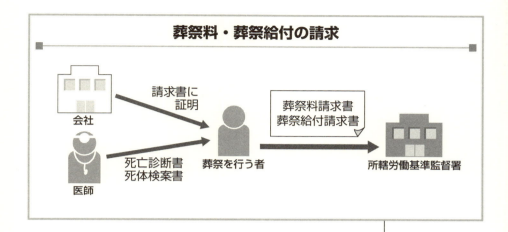

断書や死体検案書などがあり、労働者の死亡の事実と死亡年月日を確認するための書類となります。なお、葬祭料（葬祭給付）は、あくまでも労働者の死亡に対して支給される給付であるため、葬祭を執り行った際にかかった費用の額を証明する書類の提出などは必要ありません。

■ 遺族（補償）年金との関係は

葬祭料（葬祭給付）の支給要件は、「労働者が業務上または通勤途中に死亡した場合」です。そのため、たとえ傷病（補償）年金を受給している労働者が死亡した場合でも、その死亡理由が「私的な疾病」などによる場合は、葬祭料（葬祭給付）は支給されません。

また、葬祭料（葬祭給付）の請求は、遺族（補償）給付と同じ時期に行う必要はありません。ただし、遺族（補償）給付の請求書をすでに提出している場合は、労働者の死亡に関する証明書類を提出していることになるため、改めて提出する必要はありません。なお、葬祭料（葬祭給付）の請求者が、必ずしも遺族（補償）年金の受給権利を持つ者である必要はありません。

PART3 13 労災保険のしくみ

二次健康診断等給付

一言で言うと過労死を予防するための給付

■ 二次健康診断等給付は労災予防のためにある

近年、会社などの定期健康診断によって身体に何らかの異常が発見されるなど、健康に問題を抱える労働者が増えています。また、業務によるストレスや過重な労働により、脳血管疾患や心臓疾患などを発症し、死亡または障害状態になったとして労災認定される件数も増えてきています。

そこで、労災保険では、あらかじめ医師による検査を受けたりすることができる給付を設けました。これが「二次健康診断等給付」です。

二次健康診断等給付は、社会問題にもなった過労死の最大の原因とされる生活習慣病（従来の成人病）の発症を予防することを目的として、平成13年（2001年）に始まった制度です。

会社などでの定期健康診断（一次健康診断）の結果、①肥満、②血圧、③血糖、④血中脂質の4つの項目すべてに異常の所見（医師のコメント）が認められた場合に、二次健康診断や特定保健指導を受けることができます。

■ 二次健康診断等給付の診断

二次健康診断等給付では、指定医療機関になっている病院・診療所で健康診断や指導などを無料で受けることができます（現物給付）。

健康診断とは、脳血管や心臓の状態を把握するために必要な医師による検査のことです。一方、二次健康診断等給付で行われる指導とは、前述の医師による検査の結果に基づいて行われ

過労死

労働者の働き過ぎが原因で死に至ること。長時間労働によって、脳出血や心筋梗塞を引き起こし身体が破綻することを過労死、精神が破綻し正常な判断ができず死に至ることを過労自殺（過労自死）と分けることもある。

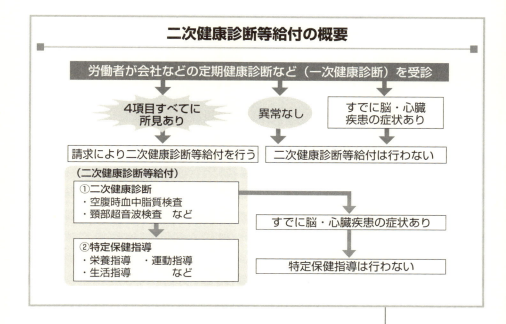

る指導です。これを特定保健指導といい、医師または保健師が面接によって行います。特定保険指導では、二次健康診断の結果に基づき、脳血管疾患及び心臓疾患の発生の予防を図るために医師又は保健師による面接により、栄養指導、運動指導、生活指導が行われます。

なお、会社の定期健康診断などの前にすでに脳・心臓疾患の病状があった労働者については、二次健康診断等給付の対象とはなりません。

■ 二次健康診断等給付の請求手続き

二次健康診断等給付の請求は、労働者本人が労災指定病院に対して行いますが、給付請求書には事業主の証明が必要になります。二次健康診断等給付を受けようとする医療機関（病院など）を経由して所轄都道府県労働局に、二次健康診断等給付請求書を提出します。

特別加入者は対象外
労災保険の特別加入者（44ページ）には二次健康診断等給付は支給されない。

PART3 14 スライド制と年金の支給方法

労災保険のしくみ

給付水準を時間の経過にあわせて変動させる制度がある

稼得能力
収入を得る力のこと。

■ 年金給付にはスライド制が適用される

　労災保険の給付は、被災した労働者が失った稼得能力を補てん（埋め合わせ）することを目的としています。そのため、被災した時点でその労働者がどの程度の所得であったかを基準として、給付の水準（額）が決まることになります。

　しかし、年金給付のように何年もの長期にわたって給付するものについては、被災時の賃金によって補てんを続けていけば、物価変動などの時間の経過による賃金水準の変動が反映されず、実質的な稼得能力に反映されないことになります。このような不都合をなくし、給付水準を適正にするために設けられた制度がスライド制です。

　労災保険の年金給付については、被災労働者の被災時点の平均賃金額にスライド率を掛けて算出される額に給付日数などを掛けた額を実際の給付額（年金額）とします。

■ 年齢階層別の最低・最高限度額

　前述のとおりスライド制によって、物価変動などの時間の経過が給付額に反映されます。しかし、年齢によって必要となる給付額は異なります。そこで、年齢階層別に最低・最高限度額が設定されています。つまり、スライド制と年齢階層別の最低・最高限度額の制度によって、療養の長期化に対する所得の補てんが行われています。

スライド制と年齢階層別の最低・最高限度額

給付基礎日額
- スライド制…
物価変動など時間の経過による変動を反映

- 年齢階層別の最低・最高限度額…
年齢によって必要となる給付額の限度を反映

■ 年金の支払期月は偶数月である

　労災の年金としての保険給付は、月単位で支給がなされます。年金は支給すべき事由の生じた月の翌月から支給を受ける権利が消滅した月まで支給されることになっています。また、年金の支給を停止する事由が生じたときは、その事由が生じた月の翌月から支給を停止する事由の消滅した月まで支給が停止されます。

　なお、年金としての保険給付の支払期月は、毎年2月、4月、6月、8月、10月、12月の偶数月（年6回）になっています。それぞれの支給月について、前月分までの2か月分が支給されます。たとえば、2月に支給を受けることになるのは、前年の12月分とその年の1月分の年金ということになります。ただ、支給を受ける権利が消滅した場合は、その月までの分について、支払期月でない月でも支給されることになります。

■ 年金計算の端数処理

　年金の給付基礎日額は、原則として、労働基準法12条の平均賃金に相当する額とされていますが、給付基礎日額に1円未満の端数がある場合はこれを切り上げることになっています。また、保険給付の支給金額について、1円未満の端数が生じた場合は、その端数について切り捨てることになっています。

受給権者の定期報告

労災保険の保険給付の受給権者は、毎年1回、所轄労働基準監督署に報告書を提出しなければならない。

PART3 15 労災保険のしくみ

未支給の保険給付・死亡の推定・受給欠格

労働者を故意に死亡させた者は受給資格者になれない

■ 未支給のまま死亡した場合は遺族が請求できる

労災保険の保険給付を受ける権利のある者が死亡した場合、その死亡した受給権者に支給すべき保険給付で、まだ支給されていなかったもの（未支給の保険給付）があるときは、一定の遺族に限って、自分（自己）の名で未支給の保険給付を請求することができます。

未支給の保険給付は次の区分によって、それぞれの遺族が請求できますが、該当する者がいない場合は、民法上の相続人が請求権者となります。

① 未支給の保険給付が遺族（補償）年金の場合

死亡した労働者の配偶者（死亡した受給権者ではない）、子、父母、孫、祖父母、兄弟姉妹で、死亡した受給権者と同順位者または次順位者が請求権者となります。

② ①以外の保険給付

受給権者の死亡時にその者と生計を同じくしていた配偶者、子、父母、孫、祖父母、兄弟姉妹であって、その最先順位者が請求権者となります。

■ 労災保険では民法の失踪制度より早く死亡を認定する

民法では、人が蒸発などで行方不明になった場合（普通失踪）は7年、船舶の沈没など事故で生死不明になった場合（特別失踪）は1年たったときに、家庭裁判所がその者を死亡したものとみなすという制度があります。

労災事故が起こった場合も、その事故に巻き込まれた労働者

失踪制度

行方不明者について、一定期間が経過した時点で死亡したものとみなす制度。本人の財産関係の処理や利害関係人の利益保護が目的。

受給者の欠格

欠格
- ①労働者を故意に死亡させた者
- ②労働者の死亡前にその労働者の死亡により遺族（補償）年金を受けることができる先順位または同順位の遺族となる者を故意に死亡させた者
- ③遺族（補償）年金を受けることができる遺族で自分よりも先順位または同順位の受給権者となる遺族を故意に死亡させた者

の生死が確認できないケースが考えられます。このような場合、民法の規定どおり、事故後1年経過してからでないと労災保険の遺族（補償）給付などが受けられないとなると、迅速な遺族の救済が図られないことになってしまいます。

そこで、労災保険の給付については、民法の原則に修正を加えて給付を行うことになっています。

沈没・転覆・滅失・行方不明になった船舶に乗っていた労働者、あるいは乗船していた船舶の航行中に行方不明となった労働者について、その生死が3か月間わからない場合、労災保険の支給に関する規定の適用については、その船舶が沈没・転覆・滅失・行方不明になった日、あるいは労働者が行方不明になった日にその労働者が死亡したものと推定します。労働者の死亡が3か月以内に明らかとなったものの、その死亡の時期がわからない場合は、その事故があった日に死亡したものと推定します。これは、航空機の事故の場合も同様に取り扱われます。

■ 受給資格者になれない者もいる

上図の欠格事由に該当する者は遺族（補償）給付の受給資格者にはなれません。

> **死亡の推定**
> 労災保険において、死亡の推定が行われるのは、船舶、航空機の事故のみに限られる。

PART3 16 支給制限と費用徴収

労災保険のしくみ

労働者がわざと事故を起こした場合は保険給付が制限される

■ 保険給付を行わないこともある

労働者が故意または重大な過失により、ケガ、病気、障害、あるいは死亡またはその直接の原因となった労災事故を起こした場合、次ページ図①〜④のように保険給付が制限されます。

■ 事業主の責任が重い場合には費用徴収される

政府は以下の事由に該当する場合には、事業主から労災保険の保険給付に要した費用の全部または一部を徴収することができます。業務災害の保険給付については、労働基準法の災害補償の価額の限度で費用を徴収します。

また、通勤災害による保険給付については、通勤災害を業務災害とみなした場合に支給される保険給付に相当する災害補償の価額の限度で費用徴収が行われます。

① **事業主が故意または重大な過失によって、保険関係成立届を提出していない期間に発生した保険事故について保険給付を行った場合**

保険事故発生日から保険関係成立届提出日の前日までに支給される保険給付につき、支給のつど、保険給付額の100分の100または100分の40に相当する額が徴収されます。

② **事業主が概算保険料を納付しない期間中(督促状に指定する期限までの期間を除く)に発生した保険事故について保険給付を行った場合**

督促状による指定期限後から概算保険料を完納した日の前日までに支給事由が発生した保険給付について、給付額に滞納率

故意と過失
故意とは、一定の事実を予見しながらわざと行為を行うこと。過失とは、不注意(注意義務違反)のこと。

保険給付の制限

①	故意に労災事故を発生させた場合	保険給付は行われない
②	故意の犯罪行為または重大な過失により、労災事故を発生させた場合	保険給付の全部または一部が行われない。故意の犯罪行為とは、事故の発生を意図したつもりはなくてもその原因となる犯罪行為が故意であるということ。たとえば、仕事中に飲酒し、その直後に会社の車を運転して、事故を起こした場合などがこれにあたる
③	正当な理由がなく療養に関する指示に従わないことにより、負傷、疾病、障害もしくは死亡もしくはこれらの原因となった事故を生じさせ、または負傷、疾病もしくは障害の程度を増進させ、もしくはその回復をさまたげたとき	その事案1件につき、休業（補償）給付の10日分または傷病（補償）年金の365分の10相当額が減額される
④	労働者が監獄、労役場、少年院等の施設に収容されている場合	これらの期間は、働くことができる期間とはいえないため、休業（補償）給付が支給されない

（最高40％）を掛けて算出した額が支給のつど事業主から徴収されます。

③ **事業主が故意または重大な過失によって発生させた保険事故（業務災害に限る）について保険給付を行った場合**

支給のつど、保険給付額の100分の30に相当する額が徴収されます。

なお、療養（補償）給付、介護（補償）給付、二次健康診断等給付については、給付内容の性質上、事業主からの費用徴収を行いません。

PART3 17 事業主の損害賠償との調整

労災保険のしくみ

事業主に労災事故の責任があるときは調整が行われる

■ 給付請求権と損害賠償請求権が重なるときとは

　業務災害としての労災事故の中には、事業主の責任で起きるものもあります。この場合、被災労働者やその遺族は、労災保険（政府）に対して、保険給付を請求する権利を取得すると同時に、民法上、事業主に対しても損害賠償を請求する権利を取得することになります。しかし、両方の請求権を認めると、被災労働者やその遺族は、1つの事故で二重の補てんを受けることになります。

　これでは、事業主が、万が一の事故が起きてしまったときの保険として、労災保険を全額負担していることの意味がなくなってしまいます。そこで、このようなケースでは、あらかじめルールを決めて調整を図ることになっています。

> **補てん**
> 損害や不足分を埋め合わせること。

■ 保険給付先行時は事業主の賠償が猶予・免責される

　被災労働者やその遺族が障害（補償）年金または遺族（補償）年金を受給できる場合で、障害（補償）年金前払一時金または遺族（補償）年金前払一時金を請求できる場合に、同じ事由で事業主から損害賠償を受けることができるときは、次ページ図①または②の調整がなされます。

■ 損害賠償先行時は保険給付額が調整される

　被災労働者やその遺族が労災保険の保険給付を受けることができる場合で、同一の事由につき、事業主から損害賠償を受けたときは、政府は厚生労働大臣が定める基準により、その価額

事業主側における調整

事業主側の調整

① **履行猶予**
事業主は被災労働者やその遺族が労災の年金給付を受ける権利が消滅するまでの間、その年金給付にかかる前払一時金の最高限度額（年5分の法定利率による調整あり）を限度として損害賠償をしないことができる

② **免責**
①によって損害賠償の履行が猶予されている期間中に年金や前払一時金が支給された場合、事業主はその年金給付または前払一時金の額（年5分の法定利率による調整あり）を限度として損害賠償の責めをのがれる

の限度で保険給付を行いません。

ただし、前払一時金の最高限度額に達するまでの年金給付については、事業主から損害賠償を受けても調整されずに支給されます。

■ 支払名目によっては支給調整されないこともある

損害賠償の支給調整を行うこととなる受給権者の範囲は、調整の事由となる損害賠償を受けた受給権者本人に限られます。また、遺族（補償）年金（64ページ）の受給権者の場合、先順位の受給権者が失権したことによる後順位の受給権者については、支給の調整は行わないことになっています。

また、損害賠償と似たようなものとして、示談金や和解金といったものがありますが、これらについては、労災保険が将来にわたって支給されることを前提として、それとは別に支払われる場合は支給調整の対象とはなりません。見舞金などのようにそもそも損害賠償の性質を持たないものについても支給調整は行いません。

> **示談・和解**
> 当事者同士が話し合い、互いに自分の主張を譲り合って紛争を解決すること。

PART3 18 不法行為による災害の発生

労災保険のしくみ

求償または控除という方法によって処理する

■ 第三者行為災害の典型は交通事故などである

　労災保険は、仕事中や通勤中に起こった災害で労働者が負ったケガなどに対してさまざまな給付をしています。

　災害の中には、会社の営業で外回りをしていて横断歩道を渡っているときに車にはねられたり、マイカー通勤者が出勤途中に追突されてケガをしたり、社用で文房具店に向かうために道路を歩行していたら、建設現場から飛来してきたものにあたって負傷したといった災害もあります。このように労災保険の給付の原因である事故が労災保険の保険関係の当事者（政府、事業主、被災労働者）以外の者（第三者）の行為（不法行為）によって生じた災害を第三者行為災害といいます。

　第三者行為災害にあたる行為としては、交通事故をイメージするといちばんわかりやすいと思います。また、建築物や設備などの工作物の瑕疵（欠陥）や動物によって生じた事故や、ケンカなどでケガをした場合などにも第三者行為災害になる場合があります。

　第三者行為災害を原因とする労災保険の給付は、通常の労災保険の給付とは異なる手続が必要になります。

■ 第三者行為災害の成立要件は2つある

　第三者行為災害が成立するには、次の2つの要件を満たす必要があります。

① 保険給付の原因である事故が第三者の行為によって生じたものであること

不法行為
わざと、あるいは不注意で他人に損害を与えること。加害者は損害賠償責任を負う。

瑕疵
物や権利について欠陥・キズがあること。

求償と控除

損害賠償の調整
- ①求償
  労災保険の給付を先に行った場合に、労災保険で給付した分の金額を災害の加害者から返してもらうこと
- ②控除
  被災労働者が労災保険の給付がなされる前に加害者から損害賠償を受けた場合に、賠償を受けた額の範囲で国が労災保険の給付をしないこと

② 第三者が被災労働者や遺族に損害賠償の義務を有していること

①と②の2つの要件を満たし、第三者行為災害が成立した場合、被災労働者は、加害者に対して損害賠償を請求する権利を得ることになります。また、労災事故が発生したわけですから、同時に労災保険に対して給付を請求する権利を得ることになります。

しかし、同じ事由(第三者行為災害)で加害者と労災保険の双方から損害賠償を受けることができるとすると、被災労働者は二重に補てん(埋め合わせ)がなされることになります。これでは、被災労働者といってももらい過ぎになり、不公平です。

また、ケガをした労働者に補てんされる損失は、最終的には損害賠償責任のある相手方(事故の加害者)が負担するべきです。

■ 調整方法には求償と控除がある

第三者行為災害については、労災保険の給付と加害者が行う損害賠償を調整することにしています。調整の方法については、求償と控除という2種類があります(上図)。

PART 3　労災保険のしくみ　79

特別支給金とボーナス特別支給金

PART3 19
労災保険のしくみ

保険給付に付加して支給される

■ 社会復帰促進等事業は労働者や遺族の保護を充実させる

　労災保険の給付だけでは災害を受けた労働者や遺族の保護が十分ではない場合があるため、労働者や遺族の保護をさらに充実させるための事業として社会復帰促進等事業があります。

■ 特別支給金は保険給付とは別に支給される

　社会復帰促進等事業の中で労災保険の保険給付と関連の深い制度として、「特別支給金」制度があります。特別支給金は、労災保険の保険給付を受けることができる者に対して、保険給付とは別に支給されるものです。特別支給金には、労災保険の各種保険給付に上乗せして定率または定額で支給する一般の特別支給金と、賞与（ボーナス）などの特別給与を基礎として支給するボーナス特別支給金があります。

■ ボーナス特別支給金は前年の特別給与から計算する

　労災保険の保険給付の額の算定基礎となる給付基礎日額には、ボーナス分の額が加味されていません。
　そこで、特別支給金の他に、ボーナスについて支給の算定基礎とするボーナス特別支給金が支給されることになっています。ボーナス特別支給金の種類は、傷病特別年金、障害特別年金、障害特別一時金、障害特別年金差額一時金、遺族特別年金、遺族特別一時金です。
　特別給与を基礎とするボーナス特別支給金の支給額を算出するときには、算定基礎日額を基礎として計算します。

一般の特別支給金

①	休業特別支給金（定率支給）	1日につき、休業給付基礎日額の100分の20相当額が支給される。「給付基礎日額」とは、労災保険のそれぞれの給付の計算の基礎となるもので、被災労働者の1日あたり平均賃金のこと
②	傷病特別支給金	傷病（補償）年金を受ける者に対して、傷病等級に応じて（第1級は114万円、第2級は107万円、第3級は100万円）、一時金が支給される
③	障害特別支給金	障害（補償）年金を受ける者に対して、障害等級に応じて（342万円〜8万円）一時金が支給される
④	遺族特別支給金	労働者の遺族である配偶者、子、父母、孫、祖父母、兄弟姉妹のうちで最先順位にある者に対して、300万円の一時金が支給される（二人以上の場合は人数で割る）

　算定基礎日額は、原則として被災日以前1年間に支払われた賞与など（3か月を超える期間ごとに支給された特別給与）の合計額（算定基礎年額）を365で割った金額です。

　ただ、算定基礎年額には上限があります。前述の原則によって算出した算定基礎年額が、①給付基礎日額の365日分の額の20％と、②150万円のいずれか低いほうの額を上回る場合は、①と②のうち低いほうの額が算定基礎年額になります。

　たとえば、傷病等級1級の人の算定基礎年額が80万円、給付基礎日額が1万円だとします。この場合、給付基礎日額の365日分の額の20％が73万円ですので、80万円ではなく、73万円が算定基礎年額となります。そして、傷病等級1級の傷病特別年金額は、算定基礎日額の313日分と定められていますので、支給金額は73万円÷365×313より、62万6000円となります。

算定基礎日額
労災保険のボーナス特別支給金の支給額を算出するときの基礎となる額。

Column

労災申請手続き

　労災保険法に基づく保険給付等の申請ができるのは、本人またはその遺族です。しかし、労働者が自ら保険給付の申請その他の手続きを行うことが困難な場合は、事業主が手続きを代行することができます。保険給付の中には傷病（補償）年金のように職権で支給の決定を行うものもありますが、原則として被災者または遺族の請求が必要です。仮に、事業主が保険料の納付を怠っていたとしても、労働者は労災保険の支給を受けることができます。あくまでも労働災害が発生した事実に基づき、労働者は労災保険の給付申請を行うことができます。この場合、国が事業者に対して保険料を追徴することになります。また、事業主が意図的に、あるいは、不注意の程度が著しい状態で、保険料の支払やその他必要な手続きを怠っている場合には、国は保険料の他に保険給付に必要な費用について、事業主に請求することが可能です。

　なお、労災の保険給付の請求には時効が設けられており、通常は2年以内、障害（補償）給付と遺族（補償）給付の場合は5年以内に、それぞれ被災労働者の所属事業場の所在地を管轄する労働基準監督署長に対して行う必要があります。その上で、労働基準監督署は、必要な調査を実施し、労災認定がなされた場合は対象者に向けての給付が行われます。

　この場合、被災労働者などからの請求を受けて支給または不支給の決定をするのは労働基準監督署長です。労働基準監督署長が下した決定に不服がある場合は、都道府県労働局内の労働者災害補償保険審査官に審査請求をすることができます。そして、審査官の審査結果に不服がある場合は、厚生労働省内の労働保険審査会に再審査請求ができます。さらに、労働保険審査会の裁決にも不服がある場合は、その決定の取消を求めて、裁判所に行政訴訟を起こすという流れになります。

PART 4

雇用保険のしくみ

PART4
1 雇用保険とは

雇用保険のしくみ

失業した場合などに一定の給付がある

■ 雇用保険の給付の概要

　雇用保険の給付については、失業時に支給される基本手当など、求職者給付と呼ばれる給付が中心です。また、失業した労働者の再就職の促進のための給付（就職促進給付）や、高齢者や育児・介護を行う労働者の雇用の継続を促進するための給付（雇用継続給付）、一定の教育訓練を受けたときに支給される給付（教育訓練給付）もあります。

■ 失業等給付には4種類ある

　雇用保険の給付（失業等給付）は、大きく分けて次ページ図のように4種類の給付があります。「失業」に対して支給される給付が、①求職者給付と②就職促進給付です。また、「雇用の継続困難」に対して支給される給付が、③雇用継続給付です。さらに、「教育訓練の受講」に対して支給される給付が、④教育訓練給付です。雇用保険の給付は、失業に限らず幅広い給付があることに特徴があります。

① 　求職者給付

　求職者給付は、被保険者が離職して失業状態にある場合に、失業者の生活の安定と求職活動を容易にすることを目的として支給される給付です。失業者が離職票などを持って公共職業安定所（ハローワーク）に行き、必要な手続をすることで支給されます。雇用保険の中心的な給付になります。

② 　就職促進給付

　失業者が再就職するのを援助、促進することをおもな目的と

雇用保険二事業

雇用保険事業は、失業等給付と雇用保険二事業に大きく分けられる。失業等給付は次ページ図のとおりである。雇用保険二事業では、①雇用安定事業、②能力開発事業、③就職支援法事業を行う。

雇用安定事業

失業の予防、雇用状態の是正、雇用機会の増大を目的に、雇用調整助成金や65歳超雇用推進助成金の支給などを行うことができる。

能力開発事業

能力開発、向上を目的として、人材開発支援助成金の支給などを行うことができる。

就職支援法事業

就職に必要な能力の開発、向上を目的として、認定職業訓練を行うものに助成などを行うことができる。

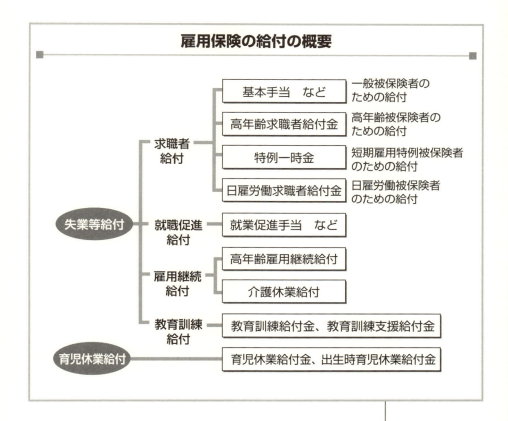

する給付です。求職者給付は失業中に支給されるので、求職者にとっては就職に対する意欲が低くなりがちです。そこで、就職促進給付は早い段階で再就職を行うと支給されるボーナス的な給付です。また、就職に際しての引越し代などの給付もあります。

③ **雇用継続給付**

働く人の職業生活の円滑な継続を援助、促進することを目的とする給付です。高年齢者、育児・介護休業中の所得補てんを行う給付があります。

④ **教育訓練給付**

働く人の主体的な能力開発の取組を支援し、雇用の安定と能力開発・向上を目的とする給付です。

PART4 2 適用事業所と被保険者

雇用保険のしくみ

事業主の意思にかかわらず加入する必要がある

■ 1人でも人を雇ったら雇用保険の適用事業所となる

事業所で労働者を1人でも雇った場合、原則として、雇用保険に加入しなければなりません。このように強制的に雇用保険への加入義務が生じる事業所を強制適用事業所といいます。雇用保険は事業所ごとに適用されるため、本店と支店などは個別に適用事業所となります。

個人事業の場合、例外的に強制的に適用事業所にならない事業所もあります。これを暫定任意適用事業といいます。暫定任意適用事業となるのは、個人経営で常時5人未満の労働者を雇用する農林・畜産・養蚕・水産の事業です。暫定任意適用事業は、事業主が申請して厚生労働大臣の認可があったときに適用事業所となることができます。

■ 雇用保険の被保険者には4種類ある

雇用保険の制度に加入することになる者（労働者）を被保険者といいます。次の4種類（種別）に分けられます。

① 一般被保険者

次の②～④までの被保険者以外の被保険者で、ほとんどの被保険者がこれに該当します。一般被保険者とは、1週間の所定労働時間が20時間以上で、31日以上雇用される見込みのある者のことです。フリーターやパートタイム労働者も、この要件を満たせば雇用保険の被保険者になります。なお、令和10年10月より1週間の所定労働時間が20時間以上から10時間以上に改正されるため、雇用保険加入者の範囲が拡大されます。

雇用保険の適用拡大

被保険者要件である週所定労働時間の変更（20時間以上→10時間）に伴い、基本手当の受給に必要となる被保険者期間の算定方法や、基本手当受給中の失業認定基準等も改正される。

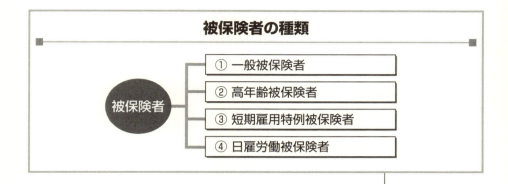

約1か月以上雇用する労働者について雇用保険に加入させなければなりませんので、事業主としては、気をつける必要があるでしょう。

② **高年齢被保険者**

同一の事業主の適用事業に、65歳前から65歳以降も引き続き雇用されている者や、65歳以降に新たに雇用された者が該当します。ただ、③と④に該当する者は除きます。

③ **短期雇用特例被保険者**

冬季限定の清酒の醸造や夏季の海水浴場での業務など、その季節でなければ行えない業務のことを季節的業務といいます。季節的業務に雇用される者のうち、雇用期間が4か月以内の者及び週の労働時間が30時間未満の者を除いた者が短期雇用特例被保険者として扱われます。

ただし、④に該当する者は除きます。また、短期雇用特例被保険者が同一の事業主に1年以上引き続いて雇用された場合は、1年経ったときから短期雇用特例被保険者から一般被保険者に切り替わります。

④ **日雇労働被保険者**

雇用保険の被保険者である日雇労働者のことです。日雇労働者とは、日々雇い入れられる者や30日以内の短い期間を定めて雇用される者のことです。

> **65歳に達した日**
> 「65歳に達した日」というのは、65歳の誕生日の前日のことを意味する。誕生日の当日ではないので要注意。

適用除外

例外的に雇用保険の適用を除外される者もいる

■ 適用除外となる労働者は6種類に区分される

　雇用保険の適用事業所に雇用された労働者であっても、雇用保険の被保険者にならない者もいます（適用除外）。たとえば、以下の①～⑥に挙げる労働者は、雇用保険の適用対象から除外されます。

① 一週間の所定労働時間が20時間未満である者
　日雇労働被保険者に該当しない限り、被保険者になりません。

② 同一の事業主に31日以上継続して雇用される見込みがない者
　雇用期間が30日以下の者は、日雇労働被保険者に該当しない限り、被保険者にはなりません。

③ 季節的事業に雇用される者のうち、労働期間・時間が短い者
　季節的に雇用される労働者は短期雇用特例被保険者の対象になりますが、雇用期間が4か月以内の者または週の労働時間が30時間未満の者は雇用保険の被保険者にはなりません。

④ 学校教育法の学校の学生または生徒
　ただし、学生や生徒であっても、休学中、定時制で夜間の学校に通っている場合は、雇用保険の被保険者となります。

⑤ 国家公務員や地方公務員など
　国家公務員や地方公務員などは他の法令の規定により、雇用保険よりも充実した給付を受けることができます。このため、雇用保険の被保険者から除外されています。

⑥ 船員で、一定の漁船に乗り組むため雇用される者
　ただし、1年以上雇用される場合は、被保険者となります。

> **季節的事業**
> 特定の時期に限って行われる事業のこと。海水浴場の出店などがこれにあたる。

短時間労働者の取扱い

1週間の所定労働時間	将来の雇用の見込み	
	31日未満	31日以上
20時間以上	×	一般被保険者
20時間未満	×	×

※×印のところに該当する者は被保険者とならない

被保険者となる場合とならない場合

区分	被保険者となる場合	被保険者とならない場合
法人の役員	会社などの取締役などの役員であっても、部長、工場長などの従業員としての身分があり、報酬の面からみても労働者的な性格の強い者(兼務役員)	①個人事業主や会社などの代表取締役、監査役 ②合名会社、合資会社の代表社員 ③法人の取締役で左記以外の者
2以上の適用事業に使用される者	その労働者が生計を維持するのに必要な賃金を受けている事業所について	左記の事業所以外の事業所(副業先)について
臨時内職的に雇用される者	右記のいずれにもあたらない者	下記のいずれかにあたる者 ①家計補助的に賃金を得ている者 ②反復・継続して就労しない者
家事使用人	おもに家事以外の仕事に従事するために雇われた者で、例外的に家事に使用されることのある者	おもに家事に使用される者
同居の親族	下記①～③のいずれの条件も満たす者 ①事業主の指揮命令に従っていること ②賃金額等を含めた就業の実態がその事業所の他の一般労働者と同じであること ③取締役などの役職にないこと	左記以外の者
学生	下記のいずれかに該当する者 ①学校を休学して働いている場合 ②その者の学校で卒業見込証明書の発行を受け、卒業前に就職し、卒業後も継続してその事業所に勤務する場合 ③学校が一定の出席日数を課程終了の要件としない学校に在学する者であって、その事業所において同種の業務に従事する労働者と同様に勤務することができる場合 ④大学の夜間学部及び高等学校の夜間等の定時制の課程に在籍している場合	左記以外の者

PART4 4 基本手当の受給要件と受給額

雇用保険のしくみ

人によってもらえる額が違う

求職者給付

失業した労働者（被保険者であった者）が再就職するまでの当面の生活を保障することを目的とした雇用保険の給付のこと。

基本手当

失業時に一定の受給要件を満たした者に支給される雇用保険の手当のこと。失業手当とも呼ばれることがある。

■ 基本手当をもらうのに必要なことは何か

　求職者給付のうち、中心となるのは一般被保険者に対する求職者給付である基本手当です。基本手当をもらうためには、①離職によって、雇用保険の被保険者資格の喪失が確認されていること、②現に失業していること、③離職日以前の2年間に通算して12か月以上の被保険者期間があること、の3つが要件になります。

　ただし、③の要件については、離職の原因が倒産・解雇・セクハラによる離職といった点にある場合には、離職日以前の1年間に通算して6か月以上の被保険者期間があるかどうかで判断します。

　被保険者期間とは、各月の賃金支払基礎日数（基本給の支払の対象となっている日数のことで、有給休暇や休業手当の対象となった日数も加えられる）が11日以上の月を1か月とします。なお、各月ごとに区切った結果、端数が生じた場合、その期間が15日以上であり、賃金支払基礎日数が11日以上であれば、2分の1か月としてカウントします。

■ 年齢や離職前6か月の賃金で給付額が決まる

　失業等給付は、人によって「もらえる額」が違います。

　一般被保険者の受ける基本手当は、離職前6か月間に支払われた賃金に基づきます。失業している1日あたりにつき賃金日額をもとにして計算した基本手当日額、だいたい離職前の賃金（賞与を除く）の平均と比べて50％～80％（60歳以上65歳未満

基本手当日額の計算式

$$\text{賃金日額の原則} = \frac{\text{6か月間に支払われた賃金総額}}{180日}$$

$$\text{基本手当日額} = \text{賃金日額} \times \text{給付率}$$

の人への給付率は45％〜80％）の金額が支給されます。賃金日額の低い人ほど給付率を高くするなど賃金格差の影響を抑えるように工夫されています。

> 基本手当の日額＝賃金日額×賃金日額に応じた給付率
> （原則50％〜80％）

ここでいう賃金日額とは、原則として離職前6か月の間に支払われた賃金の1日あたりの金額で、退職前6か月間の給与の総額÷180日で計算されます。時給や日給、出来高払いによる賃金でもらっていた場合は、別に最低保障の計算を行います。

次に、基本手当の日額は、賃金日額に50％〜80％の給付率を掛けて計算します。給付率は、年齢と賃金日額によって異なります。たとえば、離職時の年齢が30歳以上45歳未満で賃金日額の範囲が12,791〜15,690円の場合、給付率は5割と設定されているので、6,395円〜7,845円が基本手当日額となります。給付率を決定する賃金日額の範囲は、毎月勤労統計における国民の平均給与額を基に毎年8月1日に変更されます。

年齢と賃金日額によって給付率が異なるということは、世帯として生活費が多く必要であると見込まれる年齢層には多く給付するということです。所得の低かった人には給付率が高くなっており、反対に所得の高かった人の給付率は低くなっています。

賃金支払基礎日数の短縮

令和10年10月の改正では、現在の賃金支払基礎日数の11日以上が6日以上に短縮される。

PART4 5 雇用保険のしくみ

基本手当の受給日数と受給期間

離職理由や年齢によって受給日数は異なる

■ 所定給付日数はケース・バイ・ケース

失業者に支給される求職者給付（基本手当）はどのくらいなのか確認しておきましょう。給付日数は離職理由、被保険者であった期間、労働者の年齢によって決定されます。

次ページ図の一般受給資格者とは、自己の意思で退職した者のことです。また、特定受給資格者とは、事業の倒産、縮小、廃止などによって離職した者、解雇など（自己の責めに帰すべき重大な理由によるものを除く）により離職した者その他の厚生労働省令で定める理由により離職した者のことです。就職困難者とは、次のいずれかに該当する者のことです。

① 身体障害者
② 知的障害者、精神障害者
③ 更生保護法の規定により保護観察に付された者等
④ 社会的事情により就職が著しく阻害されている者（精神障害回復者など）

基本手当の所定給付日数は、失業理由が自己都合か会社都合かによって変わってきます。自己都合で辞めた人より倒産・解雇などが原因で離職した人の方が保護の必要性が高いので、給付日数も多めに設定されているのです。

一般受給資格者は離職時等の年齢に関係なく、被保険者であった期間に応じて、90日から150日の給付日数となります。

一方、特定受給資格者や意に反して有期雇用の更新されなかった特定理由離職者と認定された場合、退職時の年齢と被保険者期間に応じて、90日〜330日の給付が受けられます。

特定理由離職者
①期間の定めのある労働契約の期間が満了し、かつ、当該労働契約の更新がないことにより離職した者（本人が更新を希望した場合に限る）
②出産や家族の介護、体力の低下など正当な理由のある自己都合により離職した者

基本手当の受給日数

●一般受給資格者の給付日数

離職時等の年齢 \ 被保険者であった期間	1年未満	1年以上5年未満	5年以上10年未満	10年以上20年未満	20年以上
全年齢共通		90日		120日	150日

●特定受給資格者および意に反して有期雇用の更新がされなかった特定理由離職者

離職時等の年齢 \ 被保険者であった期間	1年未満	1年以上5年未満	5年以上10年未満	10年以上20年未満	20年以上
30歳未満	90日	90日	120日	180日	―
30歳以上35歳未満	90日	120日	180日	210日	240日
35歳以上45歳未満	90日	150日	180日	240日	270日
45歳以上60歳未満	90日	180日	240日	270日	330日
60歳以上65歳未満	90日	150日	180日	210日	240日

●特定受給資格者が障害者などの就職困難者である場合

離職時等の年齢 \ 被保険者であった期間	1年未満	1年以上
45歳未満	150日	300日
45歳以上65歳未満	150日	360日

■ 受給期間（受給期限）を過ぎると給付が受けられなくなる

　求職者給付には受給期間（または受給期限）があります。この期間を過ぎてしまうと、たとえ所定給付日数が残っていても、求職者給付の支給を受けられなくなります。

　基本手当の場合、離職の日の翌日から1年間にかぎり受給することができます。この期間を受給期間といいます。

　ただし、所定給付日数330日の者は離職の日の翌日から1年と30日、360日の者は離職の日の翌日から1年と60日がそれぞれ受給期間となります。

所定給付日数
求職者給付を受けることのできる日数のこと。失業理由や保険加入期間によって異なる。

PART4 6 特定受給資格者

雇用保険のしくみ

離職を余儀なくされた人のこと

■ 特定受給資格者は所定給付日数が長い

　特定受給資格者とは、たとえば勤務先の倒産や解雇などによって、再就職先を探す時間も与えられないまま離職を余儀なくされた人をいいます。自己都合で退職した人と区別して、倒産などによる離職者を手厚く保護することを目的とした制度です。

　特定受給資格者に該当する一般被保険者であった人は、他の求職者よりも基本手当の所定給付日数が長く設けられています。特定受給資格者であるかどうかは、具体的には、次ページ図のように定められています。ハローワークではこの基準に基づいて受給資格を決定しています。

　また、特定理由離職者のうち、更新の希望があったにもかかわらず会社の意思により労働契約が更新されなかった有期契約労働者で、離職日以前の１年間に通算して６か月以上の被保険者期間があり、離職日が平成21年（2009年）３月31日から令和７年（2025年）３月31日までの間にある者については、特定受給資格者に該当しない場合であっても、特定受給資格者と同様の雇用保険の給付を受けることができます。

■ こんな場合の退職は特定受給資格者として扱われる

　特定受給資格者にあたるかどうかについてはハローワークが個別に判断する場合もあります。

　たとえば、会社都合で、入社した時に取り決めをした賃金が支払われなかったために退職したような場合です。この場合、就職後１年以内に退職した場合は特定受給資格者と認められま

特定理由離職者

特定理由離職者とは、「期間の定めのある労働契約の期間が満了し、かつ、当該労働契約の更新がないことにより離職した者（その者が更新を希望したにもかかわらず更新しなかった場合に限る）」「一定の正当な理由により離職した者」のことをいう。

特定受給資格者の判断基準

「解雇」等による離職の場合	①解雇により離職（自己の責めに帰すべき重大な理由によるものを除く） ②労働条件が事実と著しく相違したことにより離職 ③賃金の額の3分の1を超える額が支払期日までに支払われなかったこと ④賃金が、85％未満に低下したため離職 ⑤法に定める基準を超える時間外労働が行われたため、または事業主が行政機関から指摘されたにもかかわらず、危険若しくは健康障害を防止するために必要な措置を講じなかったため離職 ⑥法令に違反し妊娠中、出産後の労働者、家族の介護を行う労働者などを就業させた場合、育児休業制度などの利用を不当に制限した場合、妊娠・出産したこと、それらの制度を利用したことを理由として不利益な取扱いをした場合により離職 ⑦職種転換等に際して、労働者の職業生活の継続のために必要な配慮を行っていないため離職 ⑧期間の定めのある労働契約の更新により3年以上引き続き雇用されるに至った場合に更新されないこととなったことにより離職 ⑨期間の定めのある労働契約の締結に際し更新されることが明示された場合において契約が更新されないこととなったことにより離職 ⑩上司、同僚からの故意の排斥または著しい冷遇若しくは嫌がらせを受けたことによって離職 ⑪事業主から退職するよう勧奨を受けたことにより離職 ⑫使用者の責めに帰すべき事由により行われた休業が引き続き3か月以上となったことにより離職 ⑬事業所の業務が法令に違反したため離職
「倒産」等による離職の場合	①倒産に伴い離職 ②1か月に30人以上の離職の届出がされた離職および被保険者の3分の1を超える者が離職した離職 ③事業所の廃止に伴い離職 ④事業所の移転により、通勤することが困難となったため離職

すが、1年を経過した時点では、採用時のことを理由に退職したとは認められないとされています。また、毎月、所定の労働時間を超えた時間外労働が多すぎたため退職したような場合も該当します。

受給日数の延長

所定の給付日数だけでは保護が足りない場合に延長する

■ どんな場合に基本手当の給付日数が延長されるのか

　基本手当の支給は、離職時の年齢、離職理由、被保険者期間、就職困難者か否かにより給付日数の上限が設けられています。しかし、社会情勢、地域性あるいは求職者本人の問題により、なかなか就職することができず、所定の給付日数だけでは保護が足りないこともあります。このような場合、所定給付日数を延長して、基本手当が支給されます。これを延長給付といいます。

　延長給付には、①訓練延長給付、②広域延長給付、③全国延長給付、④個別延長給付があります。

・訓練延長給付とは

　職業訓練を受け、職業能力を向上させることが就職につながると判断されたときに行われます。受給資格者が公共職業安定所長の指示により、公共職業訓練等を受講する場合に、①90日を限度として、公共職業訓練を受けるために待機している期間、②2年を限度として、公共職業訓練等を受けている期間、③30日を限度として、公共職業訓練等の受講終了後の期間について、失業している日については所定給付日数を超えて基本手当が支給されます。

　ただし、③の場合は公共職業訓練が終わっても就職の見込みがなく、かつ、特に職業指導その他再就職の援助を行う必要があると認められた人についてのみ訓練延長給付が行われます。また、その延長された分だけ受給期間も延長されます。

・広域延長給付とは

　広域延長給付は、失業者が多数発生した地域において、広い

地域延長給付

離職の日が令和7年3月31日以前（令和7年4月1日からは延長され令和9年3月31日以前）の者で、特定受給資格者や特定理由離職者（希望に反して期間の定めのある労働契約が更新されなかったことにより離職した者に限る）について、雇用機会が不足していると認められる地域内に居住する者かつ、再就職を促進するために必要な職業指導を行うことが適当であると認められた者に対して支給される。

給付日数は60（所定給付日数が270日、330日の場合は30日）延長される。

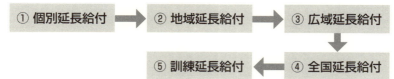

範囲で職業の紹介を受けることが必要と認められる受給資格者について、90日分を限度に所定給付日数を超えて基本手当が支給されます。受給期間も90日間延長されることになります。

・全国延長給付とは

全国延長給付は、全国的に失業の状況が悪化した場合には、一定期間すべての受給資格者に対し90日を限度に所定給付日数を超えて基本手当が支給されます。受給期間も90日間延長されることになります。

・個別延長給付とは

個別延長給付は、厚生労働大臣が指定する地域で、倒産や解雇などの理由により離職した者（特定受給資格者）、特定理由離職者のうち、希望に反して期間の定めのある労働契約が更新されなかったことにより離職した者に支給される延長給付です。たとえば、雇用されていた適用事業が激甚災害の被害を受けたため離職を余儀なくされた者などに対して、給付日数が120日（所定給付日数が270日、330日の場合は90日）延長されます。

> **激甚災害**
> 地震や風雨などによる著しい災害。激甚災害法に基づいて政令で指定される。

受給期間の延長

妊娠・出産、育児、ケガ・病気、看護などの場合である

■ 延長手続きをすれば支給を先送りできる

　雇用保険の失業等給付は、働く意思と働ける状況にある者に支給される給付です。そのため、出産や病気などにより働けない者には支給されません。そこで、出産や病気など一定の理由で働けない場合、失業等給付の支給を先送りすることができます。これを受給期間の延長といいます。

　原則の受給期間は1年ですので、受給期間を延長できる事由に該当したにもかかわらず、必要な手続をしなかった場合（支給を先送りしなかった場合）、失業等給付がもらえなくなることもあります。

　受給期間を延長できる理由は、以下のとおりです。

① 妊娠および出産
② 病気や負傷
③ 育児（3歳未満の乳幼児）
④ 親族の看護（6親等以内の血族、配偶者、3親等以内の姻族の看護に限る）
⑤ 事業主の命令による配偶者の海外勤務に同行
⑥ 青年海外協力隊など公的機関が行う海外技術指導による海外派遣（派遣前の訓練・研修を含む）

　これらの理由によって、すぐに職業に就くことができない場合は、本来の受給期間に加えて、その理由により就業できない日数が加算されます。たとえば、出産・育児により1年6か月働くことができない場合、本来の受給期間である1年に1年6か月を加えた2年6か月間まで基本手当の受給期間が延長され

受給期間

基本手当が受給できる期間、たとえ所定給付日数が残っていても受給期間を過ぎると受給できない。原則、離職の日の翌日から1年間。ただし、所定給付日数が360日、330日の場合は、1年にそれぞれ60日、30日を加えた期間となる。

受給期間の延長

原則の受給期間 離職の日の翌日から1年

＋

就業できない期間 妊娠、出産、育児などの理由で30日以上就業できない期間（最大3年間）

最長4年まで受給期間を延長可能

ます（受給期間の最長は4年）。なお、所定給付日数が330日の場合は3年から30日を引いた期間、360日の場合は3年から60日を引いた期間が、それぞれ最大延長期間となります。

延長の申出は、働くことができない期間が30日を経過した日の翌日から延長後の受給期間の最後の日までの間にハローワークに申請書を提出します。

■ 60歳以上の定年による離職の場合も延長できる

基本手当の受給期間は原則、離職の日の翌日から1年間となります。上記の理由以外にも、60歳以上の定年に達したことによっても受給期間を延長することが可能です。定年後にいったん仕事から離れて、旅行や家族のために時間を使いたいという離職者のための例外規定です。

申出により、最大で1年間延長することが可能です。つまり、8か月延長の申出を行えば、受給期間は1年8か月になるということです。延長の申出は、離職日の翌日から2か月以内に行う必要があります。

所定給付日数
求職者給付を受けることのできる日数のこと。失業理由や保険加入期間によって異なる。受給期間と混同しやすいので注意する。

60歳以上の定年後の継続雇用
60歳以上で定年退職後、継続雇用制度で再雇用された場合において、その制度が終了したことにより離職した場合についても、受給期間延長の例外規定に該当する。

PART4 9 雇用保険の受給手続き

雇用保険のしくみ

待期期間の経過後に雇用保険の給付を受けることができる

■ 被保険者証はなくさずに

退職時に会社から渡される「雇用保険被保険者証」は、雇用保険に加入していたことを証明するものです。これは、入社時に会社がハローワークで被保険者としての資格の取得手続を行った際に発行されます。

勤め先が変わっても、一度振り出された被保険者番号は、変わりません。再就職先にこの被保険者証を提出し、新たな被保険者証を作成して、記録を引き継ぐことになります。失業等給付を受けるのに必要ですので、大切に保管しましょう。

■ まずハローワークに離職票を提出する

失業等給付をもらう手続は、自分の住所地を管轄するハローワークに出向いて退職時に会社から受け取った離職票を提出し、求職の申込みをすることから始まります。

その際に、離職票と雇用保険被保険者証、本人の写真、通帳またはキャッシュカード、運転免許証など住所や年齢を確認できるものを提出して、失業等給付を受給できる資格があるかどうかの審査を受けます。

ハローワークに求職の申込みを行い、失業の状態と認められ受給資格が決定した場合でも、決定日から7日間はどんな人も失業等給付を受けることができません。この7日間を待期期間と呼んでいます。7日に満たない失業であれば、手当を支給しなくても、大きな問題はないといえるからです。つまり、待期期間を経た翌日が、失業等給付の対象となる最初の日というこ

離職票

被保険者でなくなった者（離職者）に対して、事業主を通してハローワークが交付する書類のこと。離職票によって、退職者の離職前の賃金と離職事由が証明される。

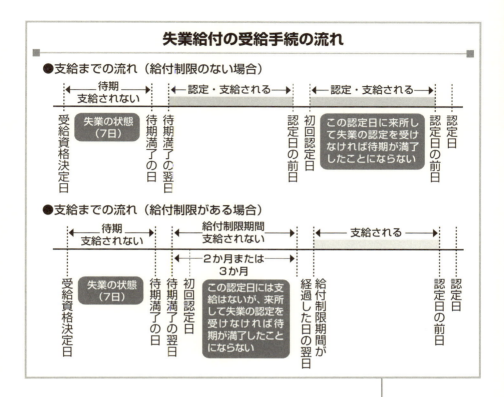

とになります。

■ 4週間に1度失業認定が行われる

　この待期期間を過ぎると4週間に1回、失業認定日にハローワークに行くことになります。ここで失業状態にあったと認定されると、その日数分の基本手当が支給されます。

　退職勧奨や倒産、リストラなどの理由で離職した人は特定受給資格者にあたりますから、給付制限がありません。したがって、待期期間の満了から約4週間後の失業認定日の後、基本手当が指定口座に振り込まれます。

　給付制限（102ページ）がある場合とない場合とで、上図のように支給までの流れが異なります。

> **給付制限期間**
> 自己の責めに帰すべき重大な理由によって解雇された場合や正当な理由のない自己の都合によって退職した者などについて、基本手当の支給を見合わせる一定の期間（2か月または3か月（令和7年4月以降は1か月または3か月））のこと。

PART4 10 基本手当の給付制限

雇用保険のしくみ

自己都合退職の場合、原則2か月の給付制限がある

■ 正当な理由があれば給付制限は解除される

　自己都合で会社を退職する場合、通常、自分から会社を辞める人は何らかの備えをしていますから、失業してもハローワークで手続きをしてから原則2か月、場合によっては3か月経過しないと失業手当を受け取れません。これを給付制限といいます。この間、蓄えのない人は、財政的にも精神的にも厳しいでしょう。ハローワークが「特別な事情があって退職を余儀なくされた」と認定してくれれば、会社都合退職として扱われ、給付制限を免れますが、そのようなケースは少ないようです。

　しかし、会社都合退職でなくても、給付制限を受けずに手当を受給できるケースがあります。それは退職について、「正当な理由」がある場合です。「正当な理由」は大きく分けて5つあり、1つでも当てはまれば、給付制限が解除されます。「正当な理由」と認められるケースは、たとえば、病気を理由に退職する場合、家族の介護を理由に退職する場合、単身赴任によって家族との共同生活が困難になったことを理由に退職する場合などです（次ページ図参照）。

　前述した給付制限は、「公共職業訓練を受ける期間」については、課されないことになっています。つまり、制限期間中に職業訓練を開始すれば、受講開始日から給付制限が外れるということです。このしくみを利用すれば、給付制限期間を短くすることが可能です。そのためには、退職前から段取りよく行動する必要があります。受給手続き開始後から、訓練の受講を考え始めるのでは、受講開始までにかなり時間がかかってしまう

給付制限期間の見直し

令和7年4月1日より、給付制限期間の原則2か月が1か月に短縮される。また、離職の期間中や離職日の前1年以内に、自ら雇用の安定および就職の促進につながる教育訓練を行った場合には、給付制限が解除される。なお、離職日から遡った5年間のうち、3回以上自己都合離職がある場合には、給付制限期間は3か月となる。

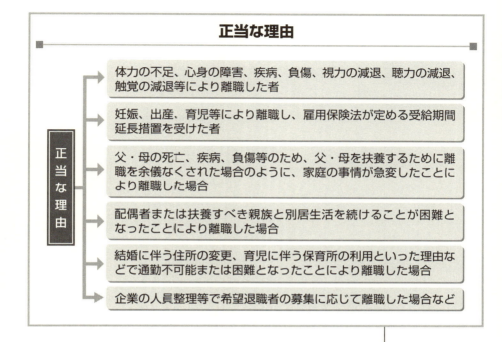

からです。それでは、2か月または3か月の給付制限が終わるのを待つのと変わらなくなるおそれがあります。

■ 職業指導などを拒むと給付制限がある

　失業手当は、就職しようとする積極的な意思がなければ給付されません。失業認定日などにハローワークに行った際、就職しようとする意志がないと判断されてしまうと給付制限が行われます。

　具体的には、ハローワークの紹介する職業に就くことを正当な理由なく拒んだ場合、公共職業訓練を受けることを正当な理由なく拒んだ場合、1か月間は、失業手当が支給されません。また、再就職を促進させる職業指導を拒んだ場合は1か月を超えない範囲で失業手当が支給されません。

　さらに、偽りや不正行為により失業手当を受けようとしたとき、または受けたときは、その日以後の失業手当は支給されません。

傷病手当と寄宿手当

病気やケガをして働けないときの手当がある

■ 15日以上の間働けない場合は傷病手当を受ける

ハローワークに出向き求職の申込みをした後に、引き続き30日以上働くことができなかったときは、受給期間の延長をすることができます（98ページ）。

また、疾病または負傷が原因で継続して15日以上職業に就けない場合は、傷病手当支給申請書を提出することで基本手当に代えて、傷病手当を受給することができます。傷病手当も求職者給付のひとつです。

15日未満の病気やケガなどについては、傷病証明書により失業の認定が受けられます。つまり、基本手当の対象です。一方で、15日以上の傷病の場合、基本手当が支給されないため、傷病期間中の生活保障が十分行われない可能性があります。そのため、傷病手当は基本手当の代わりに支給され、生活保障の目的を持った給付であるといえます。

■ 傷病手当の支給要件と支給額

傷病手当が支給されるのは、一般被保険者だけです。傷病手当の受給要件は次の3つです。

① 受給資格者であること
② 離職後、ハローワークに出頭し、求職の申込みをすること
③ 求職の申込み後に病気やケガのため、継続して15日以上職業に就けない状態にあること

傷病手当の支給額は基本手当とまったく同額です。単に名前が変わって支給されるものと考えておけばよいでしょう。傷病

産前産後休業期間中の傷病

産前産後休業期間（出産予定日以前6週間前の日から、出産日後8週間まで）については、労働の意思または能力がないと認められる期間とされるため、その期間中に発生した傷病については、傷病手当は支給されない。

傷病手当の受給要件

受給要件
- ①受給資格者であること
- ②離職後、公共職業安定所に出頭し、求職の申込みをすること
- ③求職の申込み後に病気やケガのため、継続して15日以上職業に就けない状態にあること

手当の支給日数は、求職の申込みをした労働者の基本手当の所定給付日数から、その労働者がすでに支給を受けた給付日数を差し引いた日数になります。

なお、基本手当の待期期間や給付制限期間については、傷病手当は支給されません。

■ 他の給付が受けられる場合には支給されない

傷病手当は、同一の病気やケガについて、健康保険法による傷病手当金（164ページ）、労働基準法に基づく休業補償または労災保険法に基づく休業（補償）給付が受けられる期間については支給されません。

■ 家族と離れて暮らすときには寄宿手当も出る

雇用保険の受給資格者が公共職業訓練等を受けるために、扶養家族（配偶者や子など）と離れて暮らす必要がある場合には、その期間について、寄宿手当が支給されます。寄宿手当の支給額は月額1万700円（定額）です。ただし、1か月のうち、家族と一緒に暮らしている日については、1万700円からその分減額して寄宿手当が支給されることになります。

PART 4　雇用保険のしくみ

PART4 12 その他の求職者給付

雇用保険のしくみ

高年齢者や季節雇用者にも支給が行われる

■ 技能習得手当には2種類ある

雇用保険の基本手当（求職者給付のこと）を受給する権利のある者（受給資格者）が公共職業安定所長の指示する公共職業訓練を受講する場合、その受給期間について、基本手当に加えて、技能習得手当が支給されます。技能習得手当には、①受講手当と②通所手当の2つの種類があります。

① **受講手当**

受給資格者が公共職業安定所長の指示する公共職業訓練などを受講した日であって、かつ基本手当の支給の対象となる日について1日あたり500円（40日分を限度）が支給されるものです。待期期間（7日間）、給付制限される期間、傷病手当（104ページ）が支給される日、公共職業訓練を受講しない日については受講手当が支給されません。いわば訓練生の昼食代補助のようなものです。

② **通所手当**

公共職業安定所長の指示する公共職業訓練等を受講するために電車やバスなどの交通機関を利用する場合に支給される交通費です。マイカーを使った場合も支給の対象となります。原則として、片道2km以上ある場合に支給されます。支給額は通所（通学）距離によって決められていて、最高額は4万2500円です。基本手当の支給の対象とならない日や公共職業訓練等を受けない日があるときは、その分、日割り計算で減額して支給されます。

公共職業訓練の手当

公共職業訓練などを受ける場合には、基本手当、技能習得手当、寄宿手当が支給される。

技能習得手当

技能取得手当
- ①受講手当・・・1日あたり原則500円
  （上限20,000円）
- ②通所手当・・・交通費実費
  （1か月の上限42,500円）

■ 高年齢被保険者への給付はどうなっているのか

高年齢被保険者とは、65歳以上の被保険者のことです。高年齢被保険者に支給される給付を高年齢求職者給付金といいます。受給できる金額は、65歳前の基本手当に比べてかなり少なくなり、基本手当に代えて、基本手当の50日分（被保険者として雇用された期間が1年未満のときは30日分）の給付金が一括で支給されます。また、高年齢被保険者の失業の認定は、1回だけ行われるため、失業認定日に離職をしていればよく、翌日から就職したとしても上記の日数が減額されることはありません。

■ 短期雇用特例被保険者への給付はどうなっているのか

短期雇用特例被保険者とは、季節的業務（夏季の海水浴場での業務など）に雇用される者のうち、雇用期間が4か月以内の者及び週の労働時間が30時間未満の者を除いた者のことです。短期雇用特例被保険者に支給される求職者給付を特例一時金といいます。その名のとおり一時金（一括）で支給されます。

特例一時金の支給額は、基本手当日額の30日分（ただし、当分の間40日分）になります。ただ、失業の認定日から受給期限（離職日の翌日から6か月）までの日数が30日未満の場合は、受給期限までの日数分だけが支給されることになります。

PART4 13 就業促進手当①

雇用保険のしくみ

再就職を支援する手当がある

■ 再就職を応援するのが就職促進給付

　雇用保険には失業したときに支給される給付だけでなく、失業者の再就職活動をより直接的に援助・促進するための給付があります。これを就職促進給付といいます。就職促進給付には支給目的によって次ページ図の3つの種類があります。

■ 再就職手当は早期再就職したときに支給される

　受給資格者（失業した一般被保険者で基本手当の受給資格のある者）が失業後、早期に再就職した場合に支給されます。支給額は所定給付日数の支給残日数に基本手当日額を掛けて算出した金額の原則6割に相当する額です。

　ただし、再就職日の前日の支給残日数が所定給付日数の3分の2以上であった場合は、7割に相当する額が支給されます。つまり、より早期に再就職をした者に対するボーナス的な意味合いがあります。

　再就職手当は、受給資格者が以下の要件のすべてに該当する場合に支給されます。

① 受給手続き後、7日間の待期期間満了後に就職、または事業を開始したこと。
② 就職日の前日までの失業の認定を受けた上で、基本手当の支給残日数が、所定給付日数の3分の1以上あること。
③ 離職した前の事業所に再び就職したものでないこと。また、離職した前の事業所と資本・資金・人事・取引面で密接な関わり合いがない事業所に就職したこと。

基本手当日額
失業時に一定の受給要件を満たした者に支給される雇用保険の手当の1日あたりの金額のこと。

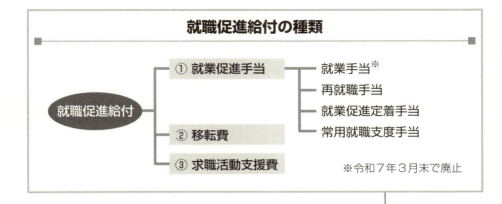

④ 自己都合などの理由で離職したために給付制限を受けている場合には、求職申込み後、待期期間満了後1か月の期間内は、ハローワークまたは職業紹介事業者の紹介によって就職したものであること。
⑤ 1年を超えて勤務することが確実であること、または、事業を開始したこと。
⑥ 過去3年以内の就職について、再就職手当又は常用就職支度手当の支給を受けたことがないこと。
⑦ 受給資格決定(求職申込み)前から採用が内定した事業主に雇用されたものでないこと。
⑧ 原則、雇用保険の被保険者であること。
⑨ 再就職手当を支給することが受給資格者の職業の安定に貢献すると認められること。

■ 1か月以内に申請手続をすること

再就職手当の手続きは、支給申請書に必要事項を記入し、ハローワークに提出します。この申請書には、受給資格者証などを添付する必要があります。提出は、就職した日または事業開始日の翌日から1か月以内にハローワークに直接あるいは郵送で行います。

再就職手当
早期に正社員などの形で再就職が決まった人に支給される給付。

常用就職支度手当
障害者等の就職が困難な者が安定した職に就いた場合に支給される雇用保険の手当。

PART4 14

雇用保険のしくみ

就業促進手当②

就職困難者が就職したときに支給される給付がある

■ 常用就職支度手当とはどんな給付か

　せっかく再就職が決まっても一定の支給残日数が残っていない場合、再就職手当は受けられません。しかし、基本手当の受給資格者（基本手当の支給残日数が所定給付日数の３分の１未満である者に限る）、高年齢受給資格者、特例受給資格者、日雇受給資格者で、障害者など一般に就職が困難な人が再就職した場合で、一定の要件を満たすと常用就職支度手当が支給されます。この支度手当は、就職が困難な人が、ハローワークの紹介で、１年以上雇用されることが確実な安定した職業についた場合、支給されるものです。常用就職支度手当の支給額は、所定給付日数、就職日の前日における支給残日数に応じて決定されます。所定給付日数が270日以上の場合、基本手当日額の90日分の４割に相当する額が支給されますが、所定給付日数が270日未満の場合は原則として支給残日数の４割に相当する額となります。

　なお、前述の再就職手当の支給要件に該当した場合には、再就職手当が支給され、常用就職支度手当は支給されないことになります。常用就職支度手当の支給を受けるには、就職した日の翌日から１か月以内に「常用就職支度手当支給申請書」と「受給資格者証」をハローワークに提出する必要があります。

■ 就業手当とはどんな給付か

　雇用保険の失業等給付の受給者は、離職後、すべて正社員として再就職できるわけではありません。中には、パートや人材

> **令和７年４月の改正**
> 就業手当が廃止され、就業促進定着手当の上限額が、基本手当日額に支給残日数を掛けた20％が上限となる。

常用就職支度手当の額

支給残日数	常用就職支度手当の額
90日以上	90日×基本手当日額×40％ ※
45日以上90日未満	支給残日数×基本手当日額×40％
45日未満	45日×基本手当日額×40％

※所定給付日数が270日以上の受給資格者は、支給残日数にかかわらずこの額になる

派遣、契約社員の形で働くことになる人もいます。また、実際このような正社員以外の雇用形態が増えてきています。そこで、こうした再就職手当（108ページ）の受給要件に該当しない人に支給されるのが、就業手当です。

■ 就業促進定着手当

　再就職手当の支給を受けた者が、引き続き6か月以上雇用され、そこでの会社の賃金が前の会社での賃金よりも低い場合に就業促進定着手当が支給されます。そのため、支給額は、前の会社と再就職後の会社の賃金の差額の6か月分が支給されます。ただし、支給額には上限が設定されており、再就職日の前日の支給残日数が所定給付日数の3分の2以上あった場合は、基本手当日額に支給残日数を掛けた30％が上限となります。再就職日の前日の支給残日数が所定給付日数の3分の2未満の場合は、基本手当日額に支給残日数を掛けた40％が上限となります。

　この手当を受給するには、就業した日から6か月経過した日の翌日から2か月以内に「就業促進定着手当支給申請書」に受給資格者証、6か月間の給与明細などを添付してハローワークに申請する必要があります。

就業手当の支給額

基本手当日額の30％に相当する額で、就業日ごとに支給される。受給するには、原則として、失業の認定にあわせて、4週間に1回、前回の認定日から今回の認定日の前日までの各日について、「就業手当支給申請書」に、受給資格者証と就業した事実を証明する資料（給与明細書など）を添付してハローワークに申請する必要がある。支給要件は、職業に就いた日の前日における基本手当の支給残日数が、所定給付日数の3分の1以上かつ45日以上であること、などがある。

PART4 15 移転費・求職活動支援費

雇用保険のしくみ

移転費には6つの種類がある

■ 要件を満たせば移転費がもらえる

ハローワークの紹介で就職先が決まった者の中には、再就職のために転居が必要な者もいるでしょう。このような場合には「移転費」が支給されます。移転費が支給されるのは次の①または②のいずれかに該当し、公共職業安定所長が必要と認めた場合です。

① 受給資格者がハローワークの紹介した職業に就くため、住所または居所を変更する場合
② 公共職業安定所長の指示した公共職業訓練などを受けるため、住所または居所を変更する場合

移転費には、鉄道賃、船賃、航空賃、車賃、移転料、着後手当の6つの種類があります。鉄道運賃、船賃、車賃は支給対象者に同伴する同居の親族の分も加算して支給されます。また、移転料と着後手当は単身者の場合、半額分が支給されます。航空賃は、現に支払った旅客運賃の額が支給されます。

移転費の支給を受ける場合は、引っ越した日の翌日から1か月以内にハローワークに支給申請書を提出します。

なお、移転費は失業等給付の受給資格者が対象になります。また、ハローワークの紹介で就職先が決まった者が支給の対象ですので、県外などの遠方で自営業をはじめた者などは支給の対象にはなりません。

■ 求職活動支援費が支給される場合とは

自分にあった働き口を探すために、県外に行ったりして就職

公共職業訓練
公共職業安定所で求職の申込みをした者を対象に、再就職を支援することを目的として国や自治体等が設置した職業訓練学校。受講料無料。

求職活動支援費の種類

求職活動支援費
- ①広域求職活動費
  … 広範囲の地域にわたる求職活動の交通費など
- ②短期訓練受講費
  … 職業指導により受講した教育訓練の費用
- ③求職活動関係役務利用費
  … 面接などで子どもの保育サービスを利用した際の費用など

活動を行う者もいます。これらの者は就職活動に相当の交通費がかかります。このような場合に役に立つのが雇用保険の求職活動支援費の中の広域求職活動費です。

広域求職活動とは、雇用保険の失業等給付の受給資格者がハローワークの紹介で、そのハローワークの管轄区域外にある会社などの事業所を訪問したり、面接を受けたり、事業所を見学したりすることをいいます。結果的に就職できなかった場合でも、広域求職活動費は支給を受けることができます。なお、訪問する事業所から広域求職活動のための費用が支給されたとしても、広域求職活動費の額に満たない場合はその差額が支給されることになっています。

他にも、求職活動支援費では、公共職業安定所の職業指導により再就職に必要な教育訓練の受講のための費用の支給（短期訓練受講費）や、面接、教育訓練の際、子どもの保育サービスを利用した場合などに本人負担の一部を支給（求職活動関係役務利用費）する制度が設けられています。

短期訓練の受講費
短期訓練受講のための費用の20％（上限10万円）。

求職活動関係役務利用費の額
保育などサービス利用のために負担した費用（1日当たりの上限8,000円）の80％。支給上限日数は、面接の場合15日、教育訓練の場合60日と定められている。

雇用継続給付

失業しないようにするための給付がある

■ 雇用継続給付は失業予防のための給付である

　労働力の高齢化、女性の職場進出の進行、産業構造の転換、技術革新の進展など、急激な雇用情勢の変化の中で、労働者にさまざまな問題が起きています。たとえば、年をとって労働能力が低下し、賃金収入が低下したり、介護休業のため、賃金収入がなくなるなどです。このような問題に対応するため、雇用保険において、「雇用の継続が困難となる事由」が生じた場合を失業の危険性があるものとして取り扱うこととしました。雇用の継続が困難となる事由が生じた場合に一定の給付を行うことによって、失業を未然に回避することができるようにしたのです。これが雇用継続給付（高年齢雇用継続給付・介護休業給付）です。また、同様の目的から育児休業取得者に支給される育児休業給付も設けられています。

■ 育児休業をした場合は育児休業給付金が支給される

　少子化や女性の社会進出に対応するため、育児休業を取得しやすくすることを目的とした給付が育児休業給付です。育児休業給付には、育児休業期間中に支給される「育児休業給付金」と「出生時育児休業給付金」があります。育児休業給付金の支給額は、支給対象期間（1か月）当たり、原則として、休業開始時賃金日額×支給日数（原則として30日、出生時育児休業は28日が上限）の67％（育児休業給付金は休業日数が通算して〈出生時育児休業給付金が支給された日数も含む〉180日以降は50％）相当額です。

高年齢雇用継続給付

高齢者の就業や再就職を支える給付で、高年齢雇用継続基本給付金と高年齢再就職給付金からなる。

出生後休業支援給付の創設

令和7年4月から、出生後休業支援給付が創設され、子どもの出生直後（男性は子どもの出生後8週間以内、女性は産後休業の後8週間以内）に、被保険者とその配偶者ともに14日以上の育児休業を取得する場合に、休業開始前賃金の13％相当額を給付する（最大で28日間）。

雇用継続給付の種類

給付の種類	給付の名称	内容
雇用継続給付	高年齢雇用継続基本給付金	60歳以降に基本手当を受給せずに雇用を継続する場合に支給される
	高年齢再就職給付金	60歳以降に基本手当を受給し、再就職した場合に支給される
	介護休業給付金	介護休業中に支給される
育児休業給付	（出生時）育児休業給付金	（出生時）育児休業中に支給される

　育児休業給付は、一般被保険者が1歳または1歳2か月（支給対象期間の延長できる理由がある場合には1歳6か月または2歳）未満の子を養育するために育児休業を取得した場合に支給される給付金です。休業開始前の2年間に賃金支払基礎日数が11日以上ある月が12か月以上あれば、育児休業給付金を受給することができます。ただし、育児休業給付は育児休業期間中の各月について、勤め先から、休業開始前の月給の8割以上の賃金が支払われている場合には支給されません。また、支給対象期間に11日以上かつ80時間以上を超える就業を行うと支給が行われません。

■ 介護休業をした場合は介護休業給付が支給される

　被保険者が家族（配偶者や父母、子など一定の家族）を介護するために、介護休業を取得した場合に支給されます。介護休業給付を受けることができるのは、介護休業開始前2年間に、賃金の支払の基礎となった日数が11日以上ある月が12か月以上ある被保険者だけです。介護休業給付は、介護休業開始日から通算して93日（分割する場合は3回まで）を限度として、介護休業開始時賃金日額の67％（原則）相当額が支給されます。

賃金支払基礎日数
給与計算の対象となる日数。働いた日や有給休暇、休業手当を受けた日なども含めた日数。

支給対象期間
わかりやすくいうと、1か月程度。

PART4 17 高年齢者のための雇用継続給付

雇用保険のしくみ

高年齢者に対する給付もある

■ 高年齢雇用継続給付は60〜65歳を対象とする

　今後の急速な高齢者の増加に対応するために、労働の意欲と能力のある60歳以上65歳未満の者の雇用の継続と再就職を援助・促進していくことを目的とした給付が高年齢雇用継続給付です。高年齢雇用継続給付には、①高年齢雇用継続基本給付金と②高年齢再就職給付金があります。

■ 高年齢雇用継続基本給付金は賃金低下時に支給される

　高年齢雇用継続基本給付金が支給されるのは、60歳以上65歳未満の一般被保険者です。被保険者（労働者）の60歳以降の賃金が60歳時の賃金よりも大幅に低下したときに支給されます。具体的には、60歳時点に比べて各月の賃金額が75％未満に低下した状態で雇用されているときに次ページ図のような額の高年齢雇用継続基本給付金が支給されます。

　60歳到達日（「60歳の誕生日の前日」のこと）において被保険者であった者が高年齢雇用継続基本給付金を受給するためには、被保険者であった期間が5年以上あることが必要です。

　また、60歳到達日において被保険者でなかった者であっても、その後再就職して被保険者になった場合には、高年齢雇用継続基本給付金の支給を受けることができます。ただ、この場合も、60歳到達前の離職した時点で、被保険者であった期間が5年以上ある必要があります。

　高年齢雇用継続基本給付金が支給されるのは、原則として、被保険者の60歳到達日の属する月から65歳に達する日の属する

被保険者であった期間

被保険者であった期間とは、雇用保険に加入していた期間をさす。なお、離職などによる被保険者資格の喪失から新たな被保険者資格の取得までの間が1年以内であること、及びその間に求職者給付を受給していない場合、過去の「被保険者であった期間」として通算される。

高年齢雇用継続基本給付金の支給額

支払われた賃金額		支給額
みなし賃金日額×30の	61%※1未満	実際に支払われた賃金額×15%※2
	61%※1以上75%未満	実際に支払われた賃金額×15%※2から一定の割合で減らした率
	75%以上	不支給

※1 令和7年4月以降は64%　※2 令和7年4月以降は10%

月までの間です。

ただし、60歳到達時点において、高年齢雇用継続基本給付金の受給資格を満たしていない場合は、受給資格を満たした日の属する月から支給されます。

■ 高年齢再就職給付金は早期再就職時に支給される

雇用保険の基本手当を受給していた60歳以上65歳未満の受給資格者が、基本手当の支給日数を100日以上残して再就職した場合に支給される給付です。高年齢再就職給付金の支給要件と支給額については、高年齢雇用継続基本給付金と同じです。

支給期間は基本手当の支給残日数によって異なります。基本手当の支給残日数が200日以上の場合は、新たに被保険者となった日の属する月から高年齢再就職給付金が支給されます。この場合、被保険者となった日の翌日から2年を経過した日の属する月まで支給を受けることができます。基本手当の支給残日数が100日以上200日未満の場合は、支給開始月は同じですが、被保険者となった日の翌日から1年を経過した日の属する月までの支給となります。

みなし賃金日額

表中のみなし賃金日額とは、60歳に達した日以前の6か月間の賃金の総額を180で割ったもの。

高年齢雇用継続基本給付金の支給額

令和7年4月からは、60歳以後の各月の賃金額が60歳到達前の賃金額の64%未満となった場合、各月の賃金額に「10%」を乗じた額が支給される。また、賃金の低下率が64%以上75%未満の場合には「10%から一定割合で逓減する率」を乗じた額が支給される。賃金の低下率が61%未満から64%未満に、賃金額に掛ける率が15%から10%に、それぞれ変更される。

… PART4 18 雇用保険のしくみ

日雇労働被保険者

日々雇われる者のことである

■ 日雇労働求職者給付金が支給される

日雇労働者とは、日々雇用される者または30日以内の期間を定めて雇用される者のことをいいます。日雇労働被保険者が失業したときは、雇用保険の日雇労働求職者給付金が支給されます。

ただ、前2か月の各月において同じ事業主の適用事業に18日以上雇用された者は、日雇労働者として扱われなくなります。日雇労働被保険者が前2か月の各月において、同一の事業主の適用事業所に18日以上雇用された場合、原則として、その翌月の初日以降、一般被保険者、高年齢被保険者、短期雇用特例被保険者のいずれかに切り替わります。

日雇労働被保険者の要件を満たす者は、自分で「日雇労働被保険者資格取得届」に添付書類を添えて管轄公共職業安定所長に提出します。安定所は「日雇労働被保険者手帳」を交付します。この届出の提出は要件に該当することになった日から5日以内です。

日雇労働被保険者手帳
日雇労働被保険者が公共職業安定所で交付を受ける手帳。雇用保険印紙を手帳に貼付することによって印紙保険料を納付する。

■ 日雇労働求職者給付金には2種類ある

日雇労働被保険者が失業したときで、その日雇労働被保険者が一定の要件を満たす場合は、雇用保険から日雇労働求職者給付金が支給されます。

ただ、日雇労働被保険者には、①就労と不就労を常時繰り返す者と②一定の期間は就労を続けるが、その後の期間は失業の状態が長く続く者がいます。そこで、日雇労働求職者給付金についても、①と②の就労形態にあわせて、普通給付と特例給付

支給日数

印紙貼付枚数（通算）	支給日数の限度
26～31枚	13日分
32～35枚	14日分
36～39枚	15日分
40～43枚	16日分
44枚以上	17日分

の2種類に分かれています。

■ 普通給付は直前2か月で26日が要件

　普通給付を受給するためには、その日雇労働被保険者につき、失業の日の属する月の前2か月間において、印紙保険料が通算して26日分以上納付されていることが必要です。

　支給日数の限度は、日雇労働被保険者が失業した日の属する月の前2か月間における印紙保険料の納付状況によって上図のように決まります。

■ 失業の認定は毎日行われる

　日雇労働求職者給付金に、日雇労働者が失業していることにつき認定を受けた日について支給されます。失業の認定は公共職業安定所で日々、その日について行われ、その日の分が支給されることになります。失業の認定を受けるためには、所定の時刻までに安定所に出頭して求職の申込みをする必要があります。

　ただし、失業の認定を受けようとする日が、安定所が職業紹介を行わない日である場合は、その日の翌日から1か月以内に届け出て失業の認定を受けます。

> **印紙保険料**
> 日雇労働被保険者は、印紙という形で保険料を負担する。印紙保険料の額は、賃金日額に応じて、第1級から第3級までの3種類（第1級が176円、第2級が146円、第3級が96円）に分かれている。

PART4 19 日雇労働求職者給付金の受給額

雇用保険のしくみ

印紙の等級によって支給額が異なる

■ 給付金の額は印紙の枚数と額で決まる

日雇労働求職者給付金の支給日額は、3種類あります。日雇労働求職者給付金の待期期間は1日だけです。つまり、2日目以降の不就労日から給付金が支給されます。

① 第1級給付金（7,500円）

前2か月間に第1級印紙保険料（176円）が24日分以上納付されている場合

② 第2級給付金（6,200円）

ⓐ 前2か月間に第1級印紙保険料と第2級印紙保険料（146円）が合計で24日分以上納付されている場合

ⓑ 前2か月間に納付された第1級、第2級、第3級（96円）の印紙保険料を第1級から順番に選んだ24日分の印紙保険料の平均額が第2級印紙保険料の額以上である場合

③ 第3級給付金（4,100円）

①、②以外の場合

> **印紙保険料**
> 印紙とは政府が発行する証紙のこと。印紙保険料は雇用保険印紙を購入して納付する保険料のこと。

■ 特例給付の受給要件は3つある

一方、特例給付については、次の①～③のすべての要件に該当する日雇労働被保険者に支給されます。

① 継続する6か月間につき、印紙保険料が各月11日以上、かつ通算78日分以上貼付（納付）されていること

② ①の期間のうちの最後の5か月間に雇用保険の日雇労働求職者給付金（普通給付または特例給付）の支給を受けていないこと

特例給付

①	第1級給付金	7,500円	前6か月において第1級印紙保険料が72日分以上納付されている場合
②	第2級給付金（aまたはbの場合）	6,200円	a 前6か月において第1級印紙保険料と第2級印紙保険料が合計して72日分以上納付されている場合
			b 納付された第1級、第2級、第3級の印紙保険料を第1級から順に選んだ72日分の印紙保険料の平均額が第2級印紙保険料の額以上である場合
③	第3級給付金	4,100円	①、②以外の場合

③ ①の期間に続く2か月間（特例給付の申出日がその2か月間の期間内にあるときはその申出日までの間）に普通給付による日雇労働求職者給付金を受給していないこと

■ 特例給付の日額

継続する6か月間（算定基礎期間）に対応する各月の該当欄（被保険者手帳）に貼付（納付）された印紙の等級によって、上図のように決まっています。特例給付は算定基礎期間に続く4か月間の失業している日について、通算60日分を限度として支給されます。

■ 給付制限を受けるときがある

以下の場合、日雇労働求職者給付金が、一定の期間支給されません。
① 正当な理由なく公共職業安定所の紹介する仕事に就くことを拒否した場合：その日から7日間
② 偽りその他不正な行為により各種の給付を受けようとした場合：その月とその月の翌月から3か月間

> **算定基礎期間**
> 受給資格者が離職の日まで引き続いて同一の事業主の適用事業に被保険者として雇用された期間。その会社の在籍期間。

PART4 20

雇用保険のしくみ

教育訓練給付

スキルアップをめざす人への給付がある

■ 教育訓練給付とはどんな制度なのか

　会社などで働いている者の中には、スキルアップのために特殊技術を習得したり、外国語を学習したり、資格をとったりする者もいます。働く人のこのような主体的な能力開発の取り組みを国でも支援しようというのが教育訓練給付の制度です。

　教育訓練給付の支給を受けることができるのは次のいずれかに該当する者で、厚生労働大臣の指定する教育訓練を受講し、訓練を修了した者です。

① 雇用保険の一般被保険者、高年齢被保険者

　厚生労働大臣が指定した教育訓練の受講を開始した日（受講開始日）において雇用保険の一般被保険者、高年齢被保険者である者のうち、支給要件期間が3年以上（当分の間、初回に限り1年以上）ある者

② 雇用保険の一般被保険者、高年齢被保険者であった者

　受講開始日において一般被保険者、高年齢被保険者でない者のうち、その資格を喪失した日（離職日の翌日）以降、受講開始日までが1年以内であり、かつ支給要件期間が3年以上ある者

■ 支給額は教育訓練内容によって異なる

　給付金の支給額は、一般教育訓練と専門実践教育訓練によって異なります。専門実践教育訓練は、中長期的なキャリア形成を行う専門的かつ実践的な教育訓練をいいます。一般教育訓練は、それ以外のものをいいます。支給額は、次ページ図のように受講者本人が教育訓練施設に対して支払った教育訓練経費の

教育訓練給付
個々の能力の活性化・向上・自己啓発に対して資金的に援助するための制度。

支給要件期間
教育訓練の受講開始日までの間に同一の事業主の適用事業に引き続いて被保険者（一般被保険者又は短期雇用特例被保険者）として雇用された期間。

一般教育訓練の例
資格学校などでのPC技能、英語、簿記、ファイナンシャルプランナー、社会保険労務士など。

専門実践教育訓練の例
看護師、介護福祉士、美容師などの公的資格、経営学博士（MBA）向け専門職大学院など。

教育訓練給付

区分	支給率	上限額
①一般教育訓練を受け、修了した者	20%	10万円
②専門実践教育訓練を受け、修了した者	50%	120万円※1
③②に加えて、資格等を取得し、1年以内に一般被保険者または高齢被保険者として雇用された者	70%※3	168万円※2
④特定一般教育訓練を受け、修了した者	40%※4	20万円

※1 1年間で40万円を超える場合の支給額は40万円で、訓練期間が最大で3年のため、120万円が上限となる。
※2 訓練期間が3年の場合168万円が上限、2年と1年の場合はそれぞれ112万円、56万円が上限となる。
※3 教育訓練の受講後に賃金が上昇した場合プラス10%
※4 資格を取得し、就職等した場合プラス10%

20〜80%です。ただし、教育訓練にかかった経費が4,000円を超えない場合は支給されません。また、これまで専門実践教育訓練は原則として1〜3年ですが、業務独占資格・名称独占資格の取得を訓練目標とする養成課程などを受講される方はさらに1年追加される場合があります。

> **4年コースの上限額**
> 上図の②では、160万円、③では、224万円が上限額となる。

■ 教育訓練支援給付金とは

専門実践教育訓練を受講する者で、訓練開始時に45歳未満で一定の条件に該当する者が、訓練期間中、失業状態にある場合に教育訓練支援給付金が支給されます。支給額は、基本手当日額の80%に相当する額です。支給日数は、訓練開始日から修了日までの失業の認定を受けた日です。なお、基本手当が支給される場合、教育訓練支援給付金は支給されません。つまり、基本手当の支給が終了した後、訓練期間中である場合に金銭的負担を軽減するための給付金制度だといえます。ただし、この制度は訓練を令和7年3月31日まで（令和7年4月1日からは延長され令和9年3月31日まで）に開始しなければなりません。

> **特定一般教育訓練**
> 早期のキャリア形成に貢献し、資格合格率が全国平均以上の講座については、受講費の支給率が原則40%となる。

| 資料 | 退職前後にしておく手続き ||

雇用保険	退職前	・退職後、失業せずに就職できるかどうかの見通しを立てる ・失業手当を受給する場合は基本手当の金額の計算に使用するため、退職前6か月間の給与明細を保管する ・雇用保険被保険者証の有無を確認 ・離職票を確認（離職票はハローワークに提出する前にコピーをとっておくとよい）
	退職後	・ハローワークに求職の申込みと受給資格決定 ・7日間の待期期間を経る ・4週間に1度ハローワークで失業の認定を受ける ・失業認定日から1週間程度で所定日数分の基本手当が支給される（自己都合の場合、※1か月または3か月の給付制限期間はもらえない）　※令和7年4月から
健康保険	退職前	・健康保険証の返却 ・退職後に加入する健康保険についての情報を集める ・健康保険証のコピーをとっておく
	退職後	・任意継続する場合、退職日の翌日から20日以内に協会けんぽまたは会社の健康保険組合で手続きをする ・国民健康保険に加入する場合、退職日の翌日から14日以内に、退職者の住所地を管轄する市区町村役場で手続きをする ・会社に申請して健康保険資格喪失証明書を入手する ・家族の被扶養者になる場合、退職日の翌日から5日以内に扶養者が扶養者の勤務先で手続きを行う
年金	退職前	・ねんきん定期便やねんきんネットなどで、加入期間や受給見込額に不審な点がないかを確認する ・年金手帳または基礎年金番号通知書の有無を確認 ・年金加入歴の確認 ・年金見込額の試算（定年退職者）
	退職後	・60歳以上の老齢年金を受給できる退職者の場合、年金手帳または基礎年金番号通知書を用意し、年金事務所に老齢給付の受給手続きを行う（裁定請求書の提出） ・国民年金の種別変更手続き
税金	退職前	・退職所得の受給申告書を作成
	退職後	・退職前に勤めていた会社に、確定申告に必要な源泉徴収票の発行を依頼する ・確定申告

PART 5

社会保険のしくみ

PART5 1 社会保険とは

社会保険のしくみ

健康保険や厚生年金保険のことである

■ 健康保険と厚生年金保険の手続きは一緒に行われる

　社会保険の実務では、通常、労働者災害補償保険と雇用保険を労働保険と呼び、健康保険、厚生年金保険、介護保険などのことを社会保険と呼びます。健康保険と厚生年金保険は、給付の目的や内容が異なりますが、適用事業所など多くの部分で共通点があることから、健康保険と厚生年金保険の手続きを一緒に行うケースが多くあります。健康保険と厚生年金保険は一般的に同時にセットで加入しますので、健康保険の適用事業所と厚生年金保険の適用事業所は原則として同じです。

　社会保険は事業所単位で適用されます。事業所というのは、本店（本社）の他、支店、出張所、工場など、一定の場所のことです。そこで働く従業員への賃金の支払いや、人事・労務管理などが独自に行われている場合には、それぞれが適用事業所となります。ただ、出張所や工場などで社会保険の事務を処理することができないような場合は、本社で一括して事務処理を行うこともできます。

　社会保険の適用事業所は、①強制適用事業所と、②任意適用事業所の2つに分類することができます。

① 強制適用事業所

　強制的に社会保険が適用される事業所を強制適用事業所といいます。会社などの法人の場合は、事業の種類に関係なく1人でも従業員がいれば、社会保険に加入しなければなりません。

　法人の代表者は法人に使用されている者と考えるため、従業員には、一般の社員に限らず、法人の代表者（社長）やその家

介護保険

助け合いの考えに立って、お互いに保険料を負担し、誰かが介護が必要になったときに介護サービスを提供する社会保険制度。保険料は40歳以上になったら負担するが、介護サービスは原則、要介護認定を受けた65歳以上の被保険者が対象となる。

```
             適用事業
       ┌─ ①強制適用事業所
       │    ⇒ 法人の場合、1人でも従業員がいれば
 適用事業 ┤       社会保険に加入する
       │
       └─ ②任意適用事業所
            ⇒ 被保険者となることができる従業員の
              2分の1以上の同意を得て、年金事務所に
              加入申請を行う
```

族従事者、役員（取締役）なども含みます。

　一方、個人事業主の事業所の場合は、強制的にすべての事業者が社会保険に加入しなければならないわけではありません。個人の事業所の場合、一定の業種（工業や金融業、士業などの17業種）の事業所で、5人以上の従業員（個人の場合、事業主本人は加入できないため、5人の中には含みません）がいるときに社会保険の適用事業所となります。

② 任意適用事業所

　強制適用事業所に該当しない事業所であっても社会保険に加入することができます。強制適用事業所でない事業の事業主が社会保険への加入を希望する場合は、被保険者となることができる従業員の2分の1以上の同意を得て、年金事務所に加入申請を行う必要があります。そして、厚生労働大臣の認可を受けることによって適用事業所となります。このようにして社会保険に加入することになった事業所を任意適用事業所といいます。

　また、任意適用事業所の場合は、被保険者の4分の3以上の同意がある場合は、事業主の申請に基づき、厚生労働大臣の認可を受け、任意適用を取り消すことができます。この場合、従業員の全員が被保険者資格を喪失します。

被保険者

保険に加入する者のこと。各保険制度によって被保険者になれる者となれない者が異なる。なお、労災保険にはそもそも被保険者という概念がない。

■ 健康保険の被保険者になる人とならない人

　適用事業所に常勤で使用される労働者は、原則としてすべて被保険者となります。役職や地位には関係ありません。

　代表者や役員も法人に使用されるものとして被保険者になります。会社についてはどのような会社であっても社会保険の強制適用事業所となるため、社長１人だけの会社であっても健康保険に加入しなければなりません。一方、個人事業者の場合の事業主は被保険者にはなれません（適用除外）ので注意が必要です。

　また、パートタイマーやアルバイトなどの短時間労働者は、必ずしも被保険者となるわけではありません。短時間労働者は、その就業実態を総合的に考慮して判断されますが、正規の社員（労働者）の勤務時間と勤務日数の両方がおおむね４分の３以上勤務する場合に被保険者となります。

　たとえば、正社員の所定労働時間が１日８時間の会社で、勤務日数は１か月20日と正社員とほぼ同様に働いていたとしても、１日の勤務時間が４時間（８時間の４分の３未満）の短時間労働者は該当しないことになります。これに対して、１か月の勤務日数が16日、勤務時間が６時間（８時間の４分の３）であれば、勤務日数・勤務時間ともに正社員の４分の３以上となるので、社会保険の加入者となります。

■ 厚生年金の被保険者になる人とならない人

　74歳まで加入できる健康保険と異なり厚生年金保険の被保険者は70歳未満の者とされています。つまり、70歳以上の者が適用事業所に勤務していた場合、その人は、健康保険については被保険者になりますが、厚生年金保険については被保険者としては扱われません。ただし、70歳になっても年金の受給資格期間（10年）を満たさず、年金を受給できない場合には、70歳以降も引き続き厚生年金に加入できる「高齢任意加入」という制度を利用することができます。

共済組合による保障

国家公務員や、地方公務員、私立学校の教職員は共済組合による医療保障を受ける。国家公務員共済組合法や地方公務員等共済組合法に基づいた共済保険は、短期給付（医療費の給付など）、長期給付（年金制度など）、そして福祉事業の実践を柱としている。このうち、長期給付については平成27年（2015年）の法改正で厚生年金へ一元化された。

健康保険の被保険者となる者

	従業員区分	左の者が被保険者となる場合
①	②～⑤以外の正社員	常に被保険者となる
②	アルバイト等の短時間労働者	正社員の勤務時間と日数のおおむね4分の3以上勤務する者
③	日雇労働者	1か月を超えて引き続き使用される者
④	季節労働者	当初から4か月を超えて使用される者
⑤	臨時的事業に雇用される者	当初から6か月を超えて使用される者

■ 短時間労働者の加入基準

「正規の社員と比べ勤務時間と勤務日数のおおむね4分の3以上」が短時間労働者の社会保険への加入基準となっていますが、この基準以下の短時間労働者であっても、次の①～⑤のすべての要件に該当する場合は、健康保険・厚生年金保険に加入することができます。

① 週の所定労働時間が20時間以上あること。
② 雇用期間が2か月を超えることが見込まれること。
③ 賃金の月額8.8万円以上であること。
④ 昼間部学生でないこと。
⑤ 被保険者数が常時51人以上の企業に勤めていること。

ただし、⑤については、下記に該当する被保険者が常時51人以下の企業でも社会保険に加入することが可能です。

ⓐ 労使合意に基づき申出をする法人・個人の事業所
ⓑ 国・地方公共団体に属する事業所

厚生年金の高齢任意加入

勤務している事業所が適用事業所の場合、高齢任意加入するための要件は、①老齢・退職を支給事由とする受給権をもたないこと、②厚生労働大臣への申出、③70歳以上であること、である。

社会保険料の決定方法

給料をもとに保険料が決まる

■ 社会保険の保険料は労使折半で負担する

　社会保険の保険料は、被保険者の報酬に保険料率を掛けて算出した保険料を、事業主と労働者で折半して負担します。被保険者の負担分は、事業主が毎月の給料や賞与から天引き（控除）して預かります。ただ、毎月の給料計算のたびに給料に保険料率を掛けて保険料を算出していたのでは、給料計算事務の担当者の事務負担が相当なものになってしまいます。そのため、社会保険では、あらかじめ給料の額をいくつかの等級に分けて、被保険者の給料をその等級にあてはめることによって保険料を決定するというしくみを採用しています。

　なお、賞与にかかる社会保険料も、給料と基本的に同様で、標準賞与額に保険料率を掛けて求めた額になります。

　給料から控除する保険料の決め方には、資格取得時決定、定時決定、随時改定の３つのパターンがあります。

・資格取得時決定

　会社などで新たに労働者を採用した場合、その労働者の給料（社会保険では「報酬」といいます）から控除する社会保険料を決定する必要があります。この場合に行われるのが資格取得時決定です。控除される保険料は採用時の報酬を基準に算出します。採用時の報酬をあらかじめ区分された報酬の等級にあてはめます。

　このようにして決定された報酬月額は、定時決定または随時改定により報酬月額が改定されるまで使用することになります。随時改定による変更がなかった場合の使用期間（有効期間）は、

標準賞与額

標準賞与額とは実際に支給された賞与額から1,000円未満の部分を切り捨てた額のこと。標準賞与額は賞与が支給されるつど決定される。

定時決定による社会保険料の改定

```
         4月   5月   6月   7月   8月   9月   10月
                                        ↑
                                    新等級
                                （9月～翌年8月まで）

         新たな等級の算定対象期間
        （月17日以上の報酬支払基礎日数がある場合）

         ※月17日に満たない場合は一定の条件で改定を行う。
```

資格取得日によって変わってきます。1月1日～5月31日までに決定された場合は、その年の8月31日まで有効です。一方、6月1日～12月31日までに決定された場合は、その年の翌年の8月31日まで有効になります。いずれの場合も9月以降については、後述する定時決定により、新たな報酬月額が決まります。

・定時決定

定時決定とは、毎年7月1日現在において、その事業所に在籍する労働者の4、5、6月の支給日に実際に支払われた報酬額を基準にして、新たな報酬月額を決定する手続きです。定時決定は被保険者全員を対象とするのが原則ですが、その年の6月1日以降に被保険者となった者とその年の7、8、9月のいずれかから随時改定によって標準報酬が改定される者は、対象外です。

病気などで長期間休職している場合のように、4月～6月の3か月間に報酬支払基礎日数（給与計算の対象となる日数のこと）がなかった労働者については、従前（前年）の標準報酬月額をそのまま使用します。また、原則として報酬支払基礎日数が17日以上ある月を算定対象とし、17日未満の月は算定対象か

標準報酬月額

標準報酬月額は、国が決めた標準報酬月額表に実際の総支給額をあてはめて算出する。つまり、あくまでも仮の給与額だが、この仮の給与額が、健康保険料・厚生年金保険料を算出する際の給与報酬とみなされる。

PART 5　社会保険のしくみ

ら除外して報酬月額を算定しますが、特定適用事業所に勤務する短時間労働者の定時決定は、4月、5月、6月のいずれも報酬支払基礎日数が11日以上ある月を算定対象とします。

新しい報酬月額は、「(4月～6月に支給を受けた報酬の額)÷3」という式によって求めた額を報酬月額表にあてはめて、年金事務所が決定します。新しく決定された（年金事務所から通知を受けた）標準報酬月額は、その年の9月1日から改定されます。なお、社会保険料は当月分を翌月の報酬から控除しますから、10月1日以降に支給される報酬から新しい社会保険料を控除することが多いです。

・随時改定

標準報酬月額の改定は原則として1年に1回だけ行います。しかし、現実的には、定時昇給（一般的には4月）以外のときに大幅な報酬額の変更（昇給または降給）が行われることもあります。そこで、以下のすべての条件に該当するときには、次の定時決定を待たずに標準報酬月額を変更することができます。これが随時改定です。

① 報酬の固定的部分（基本給、家族手当、通勤手当など）に変動があったこと
② 継続した3か月間の各月の報酬（残業手当などの変動する部分も含む）の平均が現在の標準報酬月額に比べて2等級以上上がった（下がった）こと
③ 3か月とも報酬支払基礎日数が17日以上あること

■ 算定基礎届の提出

定時改定の手続きは、7月1日現在雇用するすべての被保険者の4月、5月、6月に支払った報酬を算定基礎届に記載し、提出します。届出は、6月下旬頃に届出用紙が各事業所に郵送され、7月1日から10日までに指定の場所へ提出します。提出方法も多様化しており、電子申請をすることも可能です。

特定適用事業所
厚生年金保険の被保険者（短時間労働者は除く）の総数が1年のうち6か月以上50人を超えることが見込まれる法人。

上限・下限と随時改定
標準報酬月額の上限・下限を超えてしまう場合については、2等級以上の変動はありえない。上限・下限にわたる変動の場合、上限・下限でなければ2等級以上の差が生じるような変動があったといえる場合に随時改定を行うことになる。

定時決定による標準報酬月額の求め方

〈例1〉3か月ともに支払基礎日数が17日以上あるとき

月	支払基礎日数	支給額
4月	31日	305,000円
5月	30日	320,000円
6月	31日	314,000円

3か月間の合計　　　　　　939,000円
平均額　939,000円÷3 ＝313,000円
標準報酬月額　　　　　　 320,000円

〈例2〉3か月のうち支払基礎日数が17日未満の月があるとき

月	支払基礎日数	支給額
4月	31日	312,000円
5月	16日	171,000円
6月	31日	294,000円

※17日未満の月を除いて合計する
2か月間の合計　　　　　　606,000円
平均額　606,000円÷2 ＝303,000円
標準報酬月額　　　　　　 300,000円

※支払基礎日数はその月の暦日数ではなく、給与支払いの対象となった日数を記載する。たとえば、「20日締め25日支払い」の場合、4月25日に支払われる給与についての基礎日数は3月21日～4月20日までの31日間となるため、4月の支払基礎日数は31日となる。5月25日に支払われる給与については、4月21日～5月20日までの30日間となるため、5月の支払基礎日数は30日となる。

　提出する書類は、「健康保険・厚生年金保険被保険者報酬月額算定基礎届（算定基礎届）」です。

　「算定基礎届」は、個々の労働者の標準報酬月額を決定し、次の9月から翌年の8月分まで使用する保険料額を決めるための書類です。正社員だけでなく、パートタイマーやアルバイトなどの短時間労働者も被保険者であれば、届出が必要です。また、70歳以上の従業員（70歳以上被用者）の届出も必要です。本来70歳であれば、厚生年金保険の資格を喪失します。一方で、老齢厚生年金を受給しているのが一般的です。給与と年金額が一定以上になると、年金額が調整されるため、年金事務所に「算定基礎届」を通して、給与（＝標準報酬月額）を申告しているのです。

在職中の年金

老齢厚生年金の額と給与・賞与の額を足して一定額に達すると、年金の一部または全額が調整される場合がある。これを在職老齢年金という。

PART5-3 報酬

社会保険のしくみ

報酬は保険料や保険給付の基準となる

■ 退職金・慶弔金などは報酬に含まない

報酬（給料）は法律によって、賃金、報酬、給料、手当などいろいろな呼び方をされます。そして、法律によって給料の範囲が異なる場合もあります。

たとえば、労働基準法では、労働協約や就業規則などによって支給条件が明確にされている退職金や結婚祝金・慶弔金などは、給料に含めます。

これに対して、社会保険（健康保険や厚生年金保険）では、次ページ図のようになっています。

■ 賞与を支払ったら年金事務所に届け出る

一般的に賞与は、夏季（6月や8月が多い）と冬季（12月が多い）の年2回支払われています。年4回以上賞与が支給される場合は、給与とみなし、標準報酬月額の算定の対象とします。

会社などの事業所で労働者に賞与を支払ったときは、その金額を年金事務所に届け出る必要があります。年金事務所は、この届出をもとにして、賞与にかかる保険料と毎月の給与にかかる保険料を合算した金額を算出し、事業主に通知します。

事業主が年金事務所に提出する届出を「健康保険厚生年金保険被保険者賞与支払届」といいます。この届出は賞与を支払った日から5日以内に提出しなければなりません。

■ 賞与の保険料は標準賞与額を基準とする

賞与の保険料は毎月の保険料とは異なり、標準報酬のような

労働協約
労働組合と使用者との関係や賃金等の労働条件について、労働組合が使用者と結ぶ書面による協定のこと。

就業規則
労働者の待遇、採用、退職、解雇など人事の取扱いや服務規定などについて使用者が定めた規則。

社会保険で報酬（給与）とされているものの範囲

報酬の定義	事業に使用される者が労働の対償として受ける賃金、給料、俸給、手当または賞与およびこれに準ずるものをいい、臨時的なものや3か月を超える期間ごとに受けるものを除いたもの	
	報酬となるもの	報酬とならないもの
具体例 — 金銭での給付	・基本給、家族手当、勤務地手当、通勤手当、時間外手当、宿直・日直手当、住宅手当、精勤・皆勤手当、物価手当、役職手当、職階手当、休業手当、生産手当、食事手当、技術手当など ・年4回以上支給の賞与	・結婚祝金、慶弔金、病気見舞金、慰労金、解雇予告手当、退職金 ・事業主以外から受ける年金、傷病手当金、休業補償、出産手当金、内職収入、家賃・地代収入、預金利子、株主配当金など ・大入り袋、社内行事の賞品、出張旅費、功労金など ・年3回までの範囲で支給される賞与、決算手当、期末手当
具体例 — 現物での給付	・食事の手当（都道府県別の現物給与の標準価格による） ・住宅の供与（都道府県別の現物給与の標準価格による） ・通勤定期券、回数券	・制服・作業着 ・見舞金、記念的賞品など ・生産施設の一部である住居など

金額ごとに区分けして算出するしくみにはなっていません。事業主が支払う賞与についての健康保険料、厚生年金保険料は、賞与支払届から算出する標準賞与額（実際に支給された賞与額から1,000円未満の部分の金額を切り捨てた額で賞与が支給されるごとに決定される）に保険料率を乗じて算出した額になります。標準賞与額には上限が決められていて、健康保険については年573万円、厚生年金保険については、1か月150万円が上限となっています。

賞与にかかる社会保険料を計算するための保険料率は、月々の給料から差し引く社会保険料を計算するときの保険料率と同様です。保険料は、事業主と被保険者が折半で負担します。

なお、賞与支払予定月に賞与を全く支払わなかったときは、「健康保険厚生年金保険賞与不支給報告書」を提出します。

報酬月額算定の特例

PART5 4
社会保険のしくみ

報酬月額の算定方法には特殊な方法もある

■ 保険者が報酬月額を算定することもある

　定時決定または資格取得時決定によって報酬月額を算定することが困難であるときは、保険者（全国健康保険協会または健康保険組合）が報酬月額を決定（保険者算定）することになっています。定時決定、資格取得時決定、随時改定によって算定した額が著しく不当な場合にも保険者算定によります。

　「算定することが困難であるとき」とは、定時決定において、4～6月の3か月のいずれの月の報酬支払基礎日数も17日未満であった場合等です。また、「額が著しく不当な場合」として、定時決定の場合であれば、次ページ図のように5つのケースがあります。

■ 特殊な場合の標準報酬はどうやって決めるのか

　産前産後休業や育児休業の終了後、家庭を優先し、勤務日数や勤務時間を短縮したり、時間外労働を制限する従業員もいます。こういった場合、復職前よりも給与が減ってしまいます。しかし、報酬支払基礎日数が17日以上必要となる定時決定では改定が行われず、高いままの保険料を負担し続けることになります。

　そういった事情を考慮して、従業員が産前産後休業や育児休業により復職した場合の保険料は、定時決定の条件に該当しなくても、保険料を改定することが可能です。具体的には、休業終了日の翌日が属する月以後3か月間に受けた報酬の平均額に基づいて、4か月目の標準報酬月額から改定が行われます。

産休中、育休中の保険料免除
被保険者と事業主は社会保険料を半分ずつ負担するが、免除が認められれば、免除期間中は被保険者・事業主双方とも保険料を支払わなくてよい。

育児休業期間中の変動
育児休業期間中に定期昇給などによって報酬に変動が生じた場合であっても、育児休業開始前の報酬月額による。

著しく不当な場合にあたるケース

①	4～6月のいずれかの月に3月以前の給料をさかのぼってもらった場合のように通常受けるべき給料（報酬）以外の報酬を受けた場合
②	4～6月のいずれかの月に通常受ける報酬の額と比較して低額の休職給を受けた場合
③	4～6月のいずれかの月にストライキによる賃金カットがあった場合
④	4～6月給与から算出した標準報酬月額と前年7月以降1年間の給与から算出した標準報酬月額とで2等級以上差があり、それが例年続くと見込まれる場合
⑤	月の途中で入社した場合など、4～6月のいずれかに1か月分の報酬を受けることができなかった月がある場合

■ 任意継続被保険者の保険料はどうするのか

　会社などの事業所を退職すると健康保険の被保険者の資格を失います。しかし、資格喪失の前日まで被保険者期間が継続して2か月以上ある者であれば、退職後も引き続き2年間健康保険の被保険者でいることができます。これを任意継続被保険者といいます。在職中の被保険者の場合、保険料は被保険者と会社が折半して負担しますが、任意継続被保険者の場合の保険料は全額自己負担することになります。このため、保険料は在職中の倍額になります。任意継続被保険者の保険料は、退職時の標準報酬月額に保険料率を掛けて計算します。ただし、退職時の標準報酬月額が30万円を超えていた場合には、標準報酬月額は30万円を基に計算します。

　また、厚生年金保険の高齢任意加入制度（216ページ）を利用している70歳以上の高齢任意加入被保険者については、事業主がこれまでどおりの保険料を半額負担することに同意した場合には保険料の半額を負担すればよいのですが、事業主が同意しない場合には、高齢任意加入制度を利用する高齢者が保険料を全額自己負担しなければなりません。

任意継続被保険者の保険料の納付と前納

任意継続被保険者の保険料は、その月の保険料を毎月10日までに納めるか、一定期間分（半年または1年分）をまとめて納付（前納）する。保険料を納付期限までに納めないと、その翌日に被保険者資格を失う。

複数の適用事業所に使用されている場合

複数の適用事業所に使用される被保険者の標準報酬月額は、それぞれの事業所ごとの報酬月額をすべて合算し、その額を報酬月額として標準報酬月額を決定する。

PART 5　社会保険のしくみ

PART5 5 社会保険の各種手続き①

社会保険のしくみ

労働者の入退社などで手続きが必要になる

■ 採用したら5日以内に手続きをする必要がある

　会社などの事業所で新たに労働者を採用した場合、採用日から5日以内に「健康保険厚生年金被保険者資格取得届」を年金事務所に提出しなければなりません。たとえば、4月1日の採用（入社）であれば、資格取得届は4月5日までに提出する必要があります（当日起算）。たとえ試用期間中であっても、採用（試用）開始時点で資格取得の手続きを行わなければなりません。その労働者に被扶養者がいる場合は、資格取得届と同時に「健康保険被扶養者（異動）届」も提出します。

■ 労働者が退職したときの手続きも5日以内

　労働者が退職した場合、退職日の翌日から数えて5日以内に「健康保険厚生年金保険被保険者資格喪失届」を年金事務所に提出します。添付書類としては、健康保険被保険者証が必要になります。たとえば、3月31日付けで退職したのであれば、4月5日までに喪失届を提出する必要があります。なお、社会保険の資格を喪失する日は退職日の翌日になります。

■ 再雇用で給料が下がった場合の特例がある

　定年後にその者を再び雇用する制度（再雇用制度）を実施している会社もあります。再雇用制度を実施した場合には、給料が定年前の給料より低い水準に変更されることもあります。
　ところが、随時改定（132ページ）を行ったとしても、随時改定は、継続した3か月の報酬を基にして4か月目から標準報

資格の取得と喪失
保険に加入することを「資格を取得する」といい、逆に保険を脱退することを「資格を喪失する」という。

再雇用制度
定年退職者と新たな条件で雇用契約を結び、引き続き雇用する制度のこと。

社員を採用した場合の各種届出

事由	書類名	届出期限	提出先
社員を採用したとき（雇用保険）	雇用保険被保険者資格取得届	採用した日の翌月10日まで	所轄公共職業安定所
社員を採用したとき（社会保険）	健康保険厚生年金保険被保険者資格取得届	採用した日から5日以内	所轄年金事務所
採用した社員に被扶養者がいるとき（社会保険）	健康保険被扶養者（異動）届	資格取得届と同時提出	

酬を改定するので、改定された標準報酬が実際の給与に反映されるのは、賃金を改定した月から5か月目ということになります。被保険者にしてみれば、再雇用後、給料が下がったにもかかわらず、変更されるまでの間、定年前の水準のまま保険料を徴収されるのでは経済的にも負担が大きくなってしまいます。

そこで、定年退職後の再雇用時の特例として、被保険者の資格の喪失と取得を同時（同日）に行うことが認められています（この手続を同日得喪といいます）。同日得喪ができる者は、60歳以上の人が対象です。この特例は、正社員に限らず、パートタイマーなどにも適用されます。

■ 資格喪失届と資格取得届を同時に提出する

同日得喪とする場合、定年退職日の翌日を資格喪失日とする資格喪失届と、それと同じ日を資格取得日とする資格取得届を同時に保険者に提出します。退職日がわかる書類や再雇用後の雇用契約書などを添付します。これにより、再雇用後の月分の保険料は、再雇用後の給料額をもとにして決定された標準報酬月額によって算出されます。

> **随時改定**
> 昇給や降給などにより社会保険の標準報酬の額が大きく変動した場合において、次回の定時決定を待たずに標準報酬月額の改定を行うこと。

社会保険の各種手続き②

PART5 6

社会保険のしくみ

家族に異動があった場合には届出を行う

育児介護休業法
仕事と育児・介護を両立させることを目的として、一定の期間育児や介護のために仕事を休む権利を保障した法律のこと。

育児休業と賞与についての保険料
申出書の提出により、保険料が免除されている月に賞与が支給されたときは、賞与にかかる保険料も免除される。

産前産後休業
産前の6週間（多児妊娠の場合は14週間）と産後8週間は、労働者の請求があれば休業できる。なお、産後6週間は請求の有無にかかわらず働くことはできない。労働基準法に規定されている。

育児休業
育児休業は、男女かかわらず事業主に申し出ることで取得が可能である。休業期間は、最長で子が2歳になるまでである。産前産後休業と重複した場合は、産前産後休業が優先される。

■ **産前産後休業、育児休業期間中は保険料が免除される**

　産前産後休業や育児休業期間中は、会社からの給与が支給されないのが一般的です。その分の給与補てんとして、健康保険や雇用保険から一定の条件であれば手当金や給付金が支給されます。ただ、休業前の給与全額が補てんされるわけではなく、労働者の経済的負担が大きいことに変わりはありません。そこで、保険者に届出を行うことで社会保険料を免除する制度があります。産前産後休業、育児休業のそれぞれ休業開始月から終了予定日の翌日の月の前月までは、給料の支給の有無に関係なく、本人負担分と事業主負担分の社会保険料が免除されます。

　保険料の免除を受けるためには、年金事務所にそれぞれの休業に対して「産前産後休業取得者申出書」「育児休業等取得者申出書」を事業所経由で提出します。免除されている期間は、将来、年金額を計算する際、保険料を納めた期間として扱われるので、厚生年金等の給付で不利益になることはありません。

■ **労働者や家族の異動があったら必要な届出をする**

　被保険者や被扶養者に異動があったときは、異動内容によってそれぞれ届出をしなければなりません（次ページ図参照）。

■ **出産育児一時金として50万円が支給される**

　被保険者あるいはその被扶養者である家族が妊娠4か月以後（妊娠85日以後）に出産したときに、一児につき50万円（令和5年4月1日以降の出産）が支給されます（産科医療補償制度

労働者や家族に異動があったときに提出する届出

異動内容	届出書類	提出期限
結婚して氏名が変わったとき（※）	健康保険厚生年金保険被保険者氏名変更(訂正)届	すみやかに
結婚して配偶者を扶養するとき	健康保険被扶養者(異動)届	扶養することになった日から5日以内
被保険者の住所が変わったとき（※）	健康保険厚生年金保険被保険者住所変更届	すみやかに
子が生まれたとき	健康保険被扶養者(異動)届	出生してから5日以内
	健康保険出産育児一時金支給申請書	出産から2年以内
	健康保険出産手当金支給申請書	すみやかに（時効は2年）
被扶養者が就職したとき	健康保険被扶養者(異動)届	扶養しなくなった日から5日以内
家族の退職などで被扶養者が増えたとき	健康保険被扶養者(異動)届	扶養することになった日から5日以内

※マイナンバーが登録されている場合は届出不要。

に加入していない医療機関での出産の場合には48万8000円）。

　被扶養者が出産する場合には、被保険者に対して家族出産育児一時金が支給されます。

　なお、退職などの理由で健康保険の被保険者でなくなったとしても、被保険者資格を喪失する日の前日まで継続して1年以上被保険者期間のある人が資格喪失後6か月以内に出産したという場合であれば、出産育児一時金が支給されます。

　出産育児一時金を請求する場合、出産から2年以内に事業所管轄の全国健康保険協会の都道府県支部または会社の健康保険組合に「健康保険出産育児一時金支給申請書」または、「健康保険出産育児一時金内払金支払依頼書・差額申請書」を提出します。

会社や従業員の変更に関する社会保険関係の事務

PART5 7

社会保険のしくみ

社会保険、労働保険の変更手続きを行う

■ 事業所の名称や住所を変更する場合の届出

事業所の変更（事業所の名称を変更する場合や事業所を移転する場合など）や、事業主の変更（事業主の住所の変更や事業主の変更など）があった場合、その変更を、年金事務所、公共職業安定所などに届け出なければなりません。

・社会保険関係の手続き

名称を変更した事業主、同一の都道府県内に移転する事業主は、管轄する年金事務所は変わりませんので、「健康保険・厚生年金保険適用事業所名称/所在地変更（訂正）届（管轄内）」を提出します。一方、今までの年金事務所の管轄の地域外へ移転する事業主は、「健康保険・厚生年金保険適用事業所名称/所在地変更（訂正）届（管轄外）」を提出します。いずれの場合も、変更前の管轄年金事務所に提出しますが、変更のあった日から5日以内に届出をします。なお、事業主の氏名の変更など、事業主に変更があった場合には変更があった日から5日以内に、管轄の年金事務所または健康保険組合に「健康保険・厚生年金保険事業所関係変更（訂正）届」を届け出ます。

・労働保険関係の手続き

事業所の名称、所在地に変更があった日の翌日から10日以内に管轄の労働基準監督署に「労働保険名称・所在地等変更届」を届け出ます。また、「雇用保険事業主事業所各種変更届」を公共職業安定所に届け出ます。ただし、他の都道府県に移転した場合には、変更届ではなく、改めて変更後の所在地で「労働保険関係成立届」と「雇用保険適用事業所設置届」を提出します。

税金関係の届出

事業所の移転により、納税地が移転した場合には移転後すみやかに納税地の税務署に異動事項に関する届出を提出する。また、移転日から1か月以内に、移転前及び移転後の地域を管轄するそれぞれの税務署に給与支払事務所等の開設・移転・廃止の届出を提出する。

会社についてのおもな社会保険・労働保険の変更手続き

	変更内容	提出書類	提出先と期限
社会保険	事業所の名称、所在地変更	健康保険・厚生年金保険適用事業所名称／所在地変更（訂正）届（管轄内・管轄外）	変更前の管轄年金事務所に、変更日から5日以内
社会保険	事業主の変更、事業所の電話番号の変更等	健康保険・厚生年金保険事業所関係変更（訂正）届	管轄年金事務所に、変更日から5日以内
労働保険	事業所の名称、所在地変更	労働保険名称・所在地等変更届	所轄労働基準監督署に、変更日の翌日から10日以内
労働保険		雇用保険事業主事業所各種変更届	所轄公共職業安定所に、変更日の翌日から10日以内
労働保険	事業主の変更	届出の必要はない（事業主の変更のみの場合）	

■ 従業員の氏名や住所に変更があった場合

以下の届出が必要になります。

・社会保険関係の届出

　被保険者やその被扶養配偶者に住所変更があった場合に、事業主が、管轄の年金事務所に、すみやかに「健康保険・厚生年金保険被保険者住所変更届（国民年金第3号被保険者住所変更届）」を提出します。

　労働者が結婚した場合など、被保険者の氏名に変更があった場合には、事業主は、「健康保険・厚生年金保険被保険者氏名変更（訂正）届」を年金事務所にすみやかに提出します。

・労働保険関係の届出

　転勤などで従業員が他の支店に勤務することになった場合、「雇用保険被保険者転勤届」を転勤した日の翌日から10日以内に転勤後の事業所管轄の公共職業安定所に届け出ます。

被保険者の氏名が変わった場合（雇用保険）

令和2年2月で雇用保険被保険者氏名変更届が廃止となり、雇用保険被保険者資格喪失届や育児休業給付金の支給申請などの申請手続きの際に、併せて氏名変更ができるようになった。

被保険者の氏名・住所が変わった場合（社会保険）

基礎年金番号とマイナンバーが連携されている被保険者の氏名・住所が変わった場合、自動的に登録情報が変更されるため、年金事務所への届出は省略できる。

社会保険料の督促と滞納処分

保険料を滞納すると督促状により納付が促される

■ 保険料の督促と繰上げ徴収

　適用事業所が健康保険や厚生年金保険の保険料を滞納した場合、保険者などはその適用事業所に対し、期限を指定して督促状（納付を促す文書）を出します。

　ただし、納期前に保険料の繰上げ徴収が行われる場合は督促の必要はありません。督促状により指定する期限は、督促状を出す日から数えて10日以上経過した日でなければなりません。

　また、保険料納付義務者が次ページ図のいずれかのケースに該当する場合、保険者は、保険料の納付期日前であっても、納期を繰り上げて徴収することができます。

■ 年利14.6％の延滞金が課される

　督促状により保険料などの徴収金の督促がされたにもかかわらず、期限までに納付しなかったときは、徴収金につき延滞金が課されます。

　延滞金は納期限の翌日から保険料完納または財産差押えの日の前日までの期間につき、年14.6％（最初の3か月は7.3％）の割合により計算します。労働保険と同様、延滞金の割合の特例があります（38ページ）。督促状で指定された期限までに納付したとき、徴収金額が1,000円未満のとき、など一定の場合については、延滞金が課されません。

■ 滞納処分として財産の差押えもある

　保険料などの徴収金を滞納している者が、督促状の指定期限

延滞金の納期限
督促状に記載された期限ではなく、保険料等のもともとの納期限。

繰上げ徴収されるおもなケース

①	国税、地方税などの滞納処分を受けるとき
②	適用事業所が廃止されたとき
③	強制執行または破産手続開始の決定を受けたとき
④	企業担保権の実行手続きの開始または競売の開始があったとき
⑤	適用事業所としての法人が解散したとき

までに納付をしなかった場合、保険者などはその財産を差し押さえ、公売等により現金に換え、滞納している徴収金に充当することができます。健康保険料について協会または健康保険組合が滞納処分をする場合は厚生労働大臣の認可が必要です。

■ **権利救済のため不服申立て制度が用意されている**

健康保険や厚生年金保険の資格や保険料の賦課といった事項について納得できない場合のように、保険者の行った処分について不服がある場合は、社会保険審査官または社会保険審査会に申立てを行うことができます。

各権利の保護や救済は、最終的には裁判所の判断によりますが、裁判になった場合、手続きが煩雑な上に時間や費用もかかってしまいます。これでは、権利のすみやかな保護や救済が期待できません。そこで、裁判所の判断をあおぐ前に、行政不服審査としての不服申立てを行うことができるようにしたのです。

不服申立てができるのは、保険者の処分によって保険給付を受ける権利などを直接侵害された者です。対象となる処分は、被保険者の資格、標準報酬、保険給付に関する処分、保険料等徴収金の賦課・徴収の処分または滞納処分です。また、厚生年金保険については脱退一時金について社会保険審査会に不服申立てすることも認められています。

Column

賞与の源泉徴収と社会保険料

　賞与についても源泉徴収が行われますが、月々の給与とは源泉徴収の計算方法が少し違ってくるため、注意が必要です。ただし、賞与の源泉徴収税額の納付期限は給与と同じです。つまり、賞与を支払った月の、翌月の10日までに納付しなければなりません。賞与の源泉徴収税額は、課税対象額（賞与の額－社会保険料）に算出率を掛けて算出します。この算出率を求めるには、まず該当する社員の前月分給与から社会保険料を引いた額を求めます。次にこの額と扶養控除等（異動）申告書に基づいた扶養親族などの数を「賞与に対する源泉徴収税額の算出率の表」に照らし合わせて算出率を出すという方法をとります。

　次に、賞与についての社会保険料の計算方法ですが、月給とは別に、賞与からも社会保険料を徴収します。この場合は、標準賞与額（実際に支給された賞与額から1,000円未満を切り捨てた額）に各々の保険料率を掛けたものが社会保険料となります。標準賞与額は賞与が支給されるごとに決定されます。つまり、賞与の保険料は毎月の保険料と違って、賞与の支給額により保険料が変動することになります。保険料は、事業主と被保険者が折半で負担し、保険料率については、給与と同率です。健康保険料率の被保険者負担率は、全国健康保険協会管掌健康保険の東京都の例では、標準賞与額に対して、1000分の49.90（介護保険第２号被保険者に該当する場合は1000分の57.90）を乗じて算定します（令和６年３月分から）。また、厚生年金保険料率の被保険者負担率は、標準賞与額に対して1000分の91.5（一般の被保険者の場合）です。

　なお、賞与支給月の途中（月末以外）に退職をした場合、退職月の社会保険料は発生しないことから、賞与から社会保険料は控除されません。

PART 6

健康保険のしくみ

PART6
1 健康保険とは

健康保険のしくみ

業務外の事故で負傷した場合に治療などを受けることができる

■ 健康保険の給付内容の概要

　健康保険は、被保険者と被扶養者がケガ・病気をした場合や死亡した場合、さらには出産した場合に必要な保険給付を行うことを目的としています。

　健康保険を管理・監督するのは、全国健康保険協会または健康保険組合です。これを保険者といいます。これに対し、健康保険に加入する労働者を被保険者といいます。さらに、被保険者に扶養されている一定の親族などで、保険者に届け出た者を被扶養者といいます。健康保険の給付内容は、次ページ図のとおりです。業務上の災害や通勤災害については、労災保険が適用されますので、健康保険が適用されるのは、業務外の事故（災害）で負傷した場合に限られます。また、その負傷により会社を休んだ場合は、傷病手当金が支給され、休職により減額された給与の補てんが行われます。傷病手当金は、市区町村などを保険者とする国民健康保険にはない給付のひとつです。

■ 健康保険は協会・健保組合が管理・監督する

　保険者である全国健康保険協会と健康保険組合のそれぞれの事務処理の窓口について確認しておきましょう。

① 全国健康保険協会の場合

　全国健康保険協会が保険者となっている場合の健康保険を全国健康保険協会管掌健康保険（協会けんぽ）といいます。保険者である協会は、被保険者の保険料を適用事業所ごとに徴収したり、被保険者や被扶養者に対して必要な社会保険給付を行っ

被保険者

保険に加入している者のこと。

被扶養者

被保険者に養われている者のこと。
配偶者、直系尊属、子、孫、兄弟姉妹及び同一世帯に属する3親等以内の親族の他に、①被保険者の配偶者で、戸籍上の婚姻の届出をしていない事実上の婚姻関係と同様の人の父母および子、②前述の①の配偶者が亡くなった後の父母および子が健康保険の被扶養者となることができる。

健康保険の給付内容

種類	内容
療養の給付	病院や診療所などで受診する、診察・手術・入院などの現物給付
療養費	療養の給付が困難な場合などに支給される現金給付
家族療養費	家族などの被扶養者が病気やケガをした場合に被保険者 こ支給される診察や治療代などの給付
入院時食事療養費	入院時に提供される食事に要した費用の給付
入院時生活療養費	入院する65歳以上の者の生活療養に要した費用の給付
保険外併用療養費	先進医療や特別の療養を受けた場合に支給される給付
（家族）訪問看護療養費	在宅で継続して療養を受ける状態にある者に対する給付
高額療養費	自己負担額が一定の基準額を超えた場合の給付
高額介護合算療養費	健康保険の一部負担額と介護保険の利用者負担額の合計額が一定の基準額を超えた場合の給付
（家族）移送費	病気やケガで移動が困難な患者を移動させた場合の費用給付
傷病手当金	業務外の病気やケガで働くことができなくなった場合の生活費
（家族）埋葬料	被保険者や被扶養者が業務外の事由で死亡した場合に支払われる給付
（家族）出産育児一時金	被保険者およびその被扶養者が出産をしたときに支給される一時金
出産手当金	産休の際、会社から給料が出ないときに支給される給付

たりします。

窓口は、全国健康保険協会の都道府県支部になります。しかし、現在では各都道府県の年金事務所の窓口でも申請書類等を預かってもらえます。

② 健康保険組合の場合

健康保険組合が管掌する場合の健康保険を組合管掌健康保険といいます。組合管掌健康保険の場合、実務上の事務手続きの窓口は健康保険組合の事務所になります。組合管掌健康保険に加入している事業所は、年金事務所に届出などを提出することができません。健康保険組合の保険給付には、健康保険法で必ず支給しなければならないと定められている法定給付と、法定給付に加えて健康保険組合が独自に給付する付加給付があります。

協会けんぽの保険料率
協会管掌の健康保険の保険料率は、地域の医療費を反映した上で、都道府県ごとに保険料率（3～13％）が設定される。さらに、40歳以上65歳未満の人には、健康保険料率に加えて介護保険料率がかかる。

健保と国保
健康保険と、おもに自営業者や無職者が加入する国民健康保険は別の制度なので注意が必要。国民健康保険の保険者は市区町村である。

PART 6　健康保険のしくみ

PART6 2
被扶養者の範囲

健康保険のしくみ

一定の範囲内の親族が被扶養者となることができる

■ 扶養者も健康保険の給付を受けられる

　健康保険の被保険者が配偶者や子どもなどの家族を養っている場合、その家族のことを「養われている者」ということで、被扶養者と呼びます。健康保険では被保険者の被扶養者についても被保険者と同じように保険の給付を受けることができます。

　健康保険において被扶養者になる人は、おもに被保険者に生計を維持されている者です。生計を維持されているかどうかの判断のおおまかな基準は、被扶養者の年収が130万円未満（60歳以上の者と障害者については180万円未満）で、被保険者の年収の半分未満であるかどうかです。被保険者と被扶養者が一緒に暮らしていない場合は、被扶養者の年収が被保険者から仕送りしてもらっている額より少ないことも条件になります。たとえば、被保険者の子供が大学に通うために学校の近くにアパートを借りて住む場合などが考えられます。

　年収130万円が基準ですから、たとえば、パートタイマーとして働いている主婦（または主夫）に年収が150万円ほどある場合、勤め先で社会保険に加入していないとしても、夫（または妻）の被扶養者になることができません。

　被保険者の被扶養者となることができる親族については、あらかじめ範囲が決まっており、それ以外の者はたとえ現実に扶養されている場合であっても健康保険の被扶養者となることができません。

　なお、被扶養者には、①被保険者に生計を維持されていることだけが条件になる者と、②生計の維持と同居（同一世帯にあ

> **生計維持関係**
> 主として被保険者の収入によって生活している状態のこと。

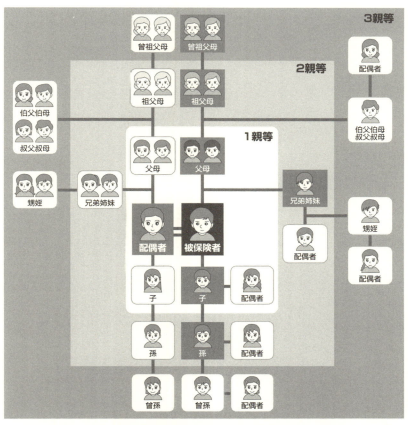

① 上図のうち、灰色部分の被保険者の直系尊族（父母や祖父母）、配偶者、子、孫、兄弟姉妹については、被保険者との間に「生計維持関係」があれば被扶養者として認められる
② 上図のうち、白色部分の被保険者の3親等以内の親族で①に挙げた者以外の者と、事実婚関係にある配偶者の父母及び子、事実婚関係にある配偶者が亡くなった後の父母及び子については、被保険者との間に「生計維持関係」と「同一世帯」があれば被扶養者として認められる

ること）していることの2つが条件となる者の2通りがあります（上図）。

PART 6　健康保険のしくみ

療養の給付

現物給付としての療養の給付である

健康保険のしくみ

■ 療養の給付は現物支給で、自己負担部分がある

　業務外の病気、ケガなどについて、病院や診療所などで診察を受けたり、手術を受けたり、入院するときに受けることができる給付です。また、保険薬局で薬を調剤してもらったときも給付を受けることができます。療養の給付は治療（行為）という現物により支給されます。

　しかし、治療費用のすべてが支給されるわけではなく、被保険者は診療を受けるごとに一部負担金を支払うことになります（155ページ）。一部負担金は、かかった医療費のうち、一定割合を負担します（定率負担）。

　なお、健康保険の療養の給付の範囲は次ページ図のようになっています。

■ 保険医療機関とは保険が使える医療機関である

　私たちがふだんケガをしたり、病気になったりすると、マイナ保険証をもって病院などの医療機関に行きます。そして、その病院などの窓口に、持参したマイナ保険証を提示して、必要な治療を受け、薬をもらいます。このときかかった病院などの医療機関が保険医療機関です。保険医療機関には3種類あり、どの医療機関にかかるかは本人の自由ですが、すべての医療機関が保険医療機関であるわけではありません。

① **保険医療機関または保険薬局**

　厚生局の指定を受けた病院、医院、診療所、薬局などがあります。一般的に保険医療機関というと、この①のことを指します。

現物給付
お金ではなく「治療」という行為で給付されるということ。一方、金銭による給付を現金給付という。年金の給付は現金給付のみで行われる。

マイナ保険証
健康保険証として利用することを登録したマイナンバーカード。従来の健康保険証は令和6年12月2日以降新規発行が廃止され、医療機関受診時はマイナ保険証の利用を基本とするしくみに移行される。

療養の給付の範囲

範囲	内容
① 診察	診断を受けるための各種の行為
② 薬剤、治療材料の支給	投薬、注射、消耗品的な治療材料など
③ 処置、手術 その他の治療	その他の治療とは、理学的療法、マッサージなど
④ 居宅における療養上の管理とその療養に伴う世話その他の看護	寝たきりの状態にある人などに対する訪問診療、訪問看護
⑤ 病院または診療所への入院とその療養に伴う世話その他の看護	入院のこと。入院中の看護の支給は入院診療に含まれる

※業務災害・通勤災害による病気やケガの治療、美容整形、一般的な健康診断、正常な妊娠、出産などは療養の給付の対象とはならない

①の保険医療機関または保険薬局は、全国健康保険協会管掌、組合管掌を問わず、健康保険の被保険者およびその被扶養者が利用することができます。

なお、①の保険医療機関で保険診療に従事する医師は厚生労働大臣の登録を受けた保険医でなければならないことになっています。保険薬局も、保険調剤に従事する薬剤師は、厚生労働大臣の登録を受けた薬剤師でなければなりません。

② **特定の保険者が管掌する被保険者のための病院、診療所または薬局で、保険者が指定したもの**

健康保険組合が管掌する事業主の直営病院や会社内の診療所がこの②にあたります。

③ **健康保険組合が開設する病院、診療所または薬局**

健康保険組合が設営した医療機関で、その組合が管掌する被保険者とその被扶養者だけを保険診療の対象とします。

PART6 4 健康保険のしくみ

療養費と一部負担金

被保険者自身の負担金がある

■ 療養費はやむを得ない場合の現金給付

　健康保険では、病気やケガなどの保険事故に対して、療養という形で現物給付するのが原則です。しかし、保険者が療養の給付が困難であると認めたときや、被保険者が保険医療機関・保険薬局以外の医療機関・薬局で診療や調剤を受けたことにつきやむを得ないと認められたときは、療養費として現金が給付されます。

■ 療養費が支給されるケース

　おもに次のような場合が療養費の給付対象となります。

① 無医村などの場合

　近隣に保険医療機関が整備されていない地域において、緊急のために保険医療機関以外で診療などを受けた場合に支給されます。

② 準医療行為

　骨折、脱臼、打撲、捻挫などで柔道整復師の施術を受けた場合に支給されます。ただ、柔道整復師が行う骨折、脱臼の治療については、応急手当の場合以外は医師の同意が必要です。

③ 治療用装具

　療養上必要な装具（コルセット、関節用装具など）を購入した場合に支給されます。

④ 事業主による資格取得届の未提出など

　事業主が健康保険の資格取得届の提出をしていることになっているにもかかわらず、保険医療機関で被保険者であることが

療養費の申請手続き

支給の申請をする場合、「健康保険被保険者療養費支給申請書」を療養の費用を支払った日の翌日から数えて2年以内に保険者に提出する。

医療費の自己負担割合

義務教育就学前	2割
義務教育就学後〜69歳	3割
70〜74歳	2割（現役並みの所得者は3割）

証明できない場合や事業主が資格取得届を怠っている場合に支給されます。

■ 一部は自己負担しなければならない

　健康保険の被保険者やその被扶養者がケガや病気をして、病院や診療所などの医療機関等で保険診療として診察、治療などを受けた場合、かかった治療費などの一定の割合を自分で負担する必要があります。

　療養の給付にかかった費用のうちのこの自己負担分を一部負担金といいます。一部負担金の割合は、①義務教育就学前の者：2割、②義務教育就学後70歳未満の者：3割、③70歳〜74歳：2割（現役並の所得がある者は3割）です。ただし、③については、平成26年（2014年）3月31日以前に70歳に達した者は特例措置として1割負担とされています。

■「現役並の所得」とはどの程度の所得を指すのか

　「現役並みの所得がある者」とは、会社員で協会けんぽや組合健保に加入している場合は標準報酬月額が28万円以上、自営業などで国民健康保険に加入している場合は住民税課税所得145万円以上です。ただし、年収が、単身世帯は383万円未満、2人以上世帯は520万円未満であれば、申請により非該当（現役並の所得にあたらない）とすることができます。

PART6-5 保険外併用療養費

健康保険のしくみ

保険診療と保険外診療を併用した場合の給付

■ 保険診療との併用がある場合に行われる給付

健康保険では、保険が適用されない保険外診療があると保険が適用される診療も含めて、医療費の全額が自己負担となるしくみとなっています（混合診療禁止の原則）。

ただし、保険外診療を受ける場合でも、厚生労働大臣の定める評価療養と選定療養、患者申出療養については、保険診療との併用が認められています。具体的には、通常の治療と共通する部分（診察・検査・投薬・入院料など）の費用は、一般の保険診療と同様に扱われ、その部分については一部負担金を支払うこととなり、残りの額は保険外併用療養費として健康保険から給付が行われます。また、被扶養者の保険外併用療養費にかかる給付は、家族療養費として給付が行われます。

なお、介護保険法で指定されている指定介護療養サービスを行う療養病床などに入院している患者は、介護保険から別の給付を受け取ることができます。そのため、二重取りにならないように、保険外併用療養費の支給は行われません。

■ 評価療養と選定療養

評価療養とは、保険適用前の高度な医療技術を用いた医療や新薬など、将来的な保険適用を前提としつつ保険適用の可否について評価中の療養のことです。たとえば、先進医療、医薬品医療機器法承認後で保険収載前の医薬品、医療機器、再生医療等製品の使用、薬価基準収載医薬品の適応外使用なども評価療養に含まれます。

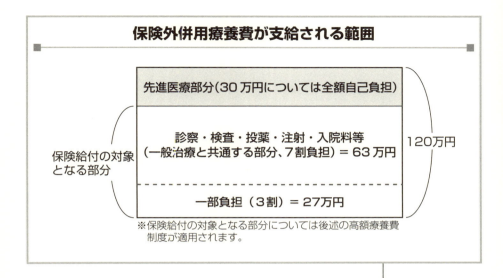

一方、選定療養とは、個室の病室や、予約診療、紹介状なしの大病院受診、保険で認められている内容以上の医療行為など、患者本人が希望して受ける「特別な療養」のことです。200床以上の病院の未紹介患者の初診、200床以上の病院の再診、制限回数を超える医療行為、180日以上の入院、前歯部の材料差額、金属床総義歯、小児う触の治療後の継続管理などが選定医療に含まれます。

■ 保険外併用療養費の具体例

たとえば、総医療費が120万円、うち先進医療についての費用が30万円だった場合、①先進医療についての費用30万円は、全額を患者が負担することになります（上図参照）。

一方、②通常の治療と共通する部分（診察、検査、投薬、入院料）については7割（63万円分）が保険外併用療養費として給付される部分になります。結局、30万円と一部負担金27万円合わせた57万円について、患者が自己負担することになります。

> **患者申出療養**
>
> 患者の申出を起点として、未承認薬等の使用など、保険収載前の先進的な医療について、安全性や有効性などを一定程度確認しながら、身近な医療機関で迅速に実施することができるしくみである。

> **高額療養費制度の適用**
>
> 診察、検査、投薬、入院料など、保険給付についての一部負担部分については、高額療養費制度（次ページ）も適用される。

PART6 高額療養費

6

健康保険のしくみ

治療費が高額になったときの給付である

■ 高額療養費は高額になった医療費の自己負担額を抑える

病院や診療所で医療サービスを受けた場合、少ない負担でより良い医療を受けられる反面、長期入院や手術を受けた際の自己負担額が高額になることもあります。自己負担額が一定の基準額を超えた場合に被保険者に給付されるのが高額療養費です。

■ 高額療養費は所得が低い人ほど手厚く支給される

高額療養費は、被保険者や被扶養者が同じ月に同じ病院などで支払った自己負担額が、高額療養費算定基準額（自己負担限度額）を超えた場合、その超えた部分の額が高額療養費として支給されます。高額療養費算定基準額は、一般の者、上位所得者、低所得者によって、計算方法が異なっています。上位所得者ほど自己負担額が高くなります。

次ページ図の、「医療費の負担限度額」欄の総医療費（療養に要した費用）とは、同じ月に同じ病院などで支払った医療費の総額（10割）です。

「同じ月に同じ病院など」とは、暦月1か月内（1日から末日まで）に通院したことが必要です。したがって、たとえ実日数30日以内であっても、暦月で2か月にまたがっている場合は「同じ月」とはいえません。

また、同じ月で同じ病院に通院していたとしても、診療科（医科と歯科の2つに分けられます）が異なっている場合は「同じ病院」とみなされません。なお、同じ診療科でも入院・通院別に支給の対象になるかどうかを計算します。

差額ベッド代

治療上の必要性がないものの、患者本人が希望して、プライバシー確保のための設備などの一定水準以上の環境を備えた病室に入る場合にかかる費用のこと。差額ベッドとは選定療養の一種で、ベッド数が4つ以下の病室（1人あたり6.4㎡以上）のこと。正式には「特別療養環境室」という。

医療費の自己負担限度額

● 1か月あたりの医療費の自己負担限度額（70歳未満の場合）

所得区分	医療費の負担限度額	多数該当
標準報酬月額 83万円以上の方	252,600円+ (総医療費－842,000円)×1%	140,100円
標準報酬月額 53万～79万円の方	167,400円+ (総医療費－558,000円)×1%	93,000円
標準報酬月額 28万～50万円の方	80,100円+ (総医療費－267,000円)×1%	44,400円
一般所得者 （標準報酬月額26万円以下）	57,600円	44,400円
低所得者 （被保険者が市町村民税 の非課税者等）	35,400円	24,600円

● 1か月あたりの医療費の自己負担限度額（70～74歳の場合）

被保険者の区分		医療費の負担限度額	
^	^	外来（個人）	外来・入院（世帯）
①現役並み所得者（負担割合3割の方）	現役並みⅢ （標準報酬月額 83万円以上）	252,600円+(総医療費-842,000円)×1% (多数該当：140,100円)	
^	現役並みⅡ （標準報酬月額 53万～79万円）	167,400円+(総医療費-558,000円)×1% (多数該当：93,000円)	
^	現役並みⅠ （標準報酬月額 28万～50万円）	80,100円+(総医療費-267,000円)×1% (多数該当：44,400円)	
②一般所得者 （①および③以外の方）		18,000円 (年間上限14.4万円)	57,600円 (多数該当：44,400円)
③低所得者	市区町村民税の 非課税者等	8,000円	24,600円
^	被保険者とその扶養 家族すべての者の 所得がない場合	^	15,000円

　この場合、差額ベッド代や食事療養費、光熱費などは高額療養費の対象にはならないので注意が必要です。高額療養費に該当するかどうかは領収書に記載されている一部負担額が保険内か保険外かを見て判断します。

■ 高額療養費はどのように計算されるのか

　前ページ図のように高額療養費は70歳未満、70〜74歳で自己負担限度額が異なります。70〜74歳では一般的に収入がないため、限度額が低めに設定されています。ただし、現役並みに所得がある場合は、70歳未満と同様の負担限度額が定められています。

　具体的な高額療養費の計算は、70歳未満の者だけの世帯と70〜74歳の者がいる世帯では異なります。

① 70歳未満の者だけの世帯

　高額療養費には世帯合算という制度があります。世帯合算は、同一世帯で、同一の月1か月間（暦月ごと）に21,000円以上の自己負担額を支払った者が2人以上いるときに、それぞれを合算して自己負担限度額を超えた分が高額療養費として払い戻される制度です。世帯合算する場合もそれぞれの個人は同一医療機関で医療費を支払っていることが要件になります。

　つまり、被保険者や被扶養者が同一の月に同一医療機関から受けた療養の自己負担分（21,000円以上のものに限る）を合算した額から、前ページの上図の該当金額を控除した額が高額療養費として給付されます。

　また、高額療養費には「多数該当」という自己負担限度額を軽減させる制度があります。具体的には、同一世帯で1年間（直近12か月）に3回以上高額療養費の支給を受けている場合は、4回目以降の自己負担限度額が下がります。

② 70〜74歳の者がいる世帯

　この世帯では、世帯合算を行う前に、前ページの下図の個人ごとの外来療養について、自己負担額から該当する限度額を控除して高額療養費を計算します。さらに、それでも残る自己負担額を世帯（70〜74歳のみ）ごとに合算した金額から該当する限度額を控除して高額療養費を計算します。この際、外来療養だけでなく、入院療養の自己負担額を加えることができます。

多数該当
1年間に4回以上高額療養費を受けた者は4回目の月から自己負担減度額が下がること。

特定疾患患者の高額療養費
慢性腎不全の患者で人工透析を行っている人や、血友病患者、エイズ患者については、自己負担の限度額が10,000円となっている。

高額療養費の計算例

Aさん(52歳、所得：一般)
自己負担額
〇〇病院（外来）
　　　　　　　　10,000円
△△病院（入院）
　　　　　　　　450,000円

Bさん(72歳、所得：一般)
自己負担額
〇〇病院（外来）
　　　　　　　　50,000円

Cさん(74歳、所得：一般)
自己負担額
〇〇病院（外来）
　　　　　　　　70,000円
△△病院（入院）
　　　　　　　　100,000円

① 70～74歳の個人ごとの外来療養の高額療養費を計算
　Bさん　50,000－18,000（159ページ下図）＝32,000円
　⇒18,000円は自己負担
　Cさん　70,000－18,000（159ページ下図）＝52,000円
　⇒18,000円は自己負担
② 70～74歳の世帯ごとの外来・入院療養の高額療養費を計算
　18,000＋18,000＋100,000－57,600（159ページ下図）＝78,400円
　⇒57,600円は自己負担
③ 70歳未満も含めた世帯ごとの外来・入院療養の高額療養費を計算
　57,600＋450,000－57,600（159ページ上図）＝450,000円
高額療養費　32,000＋52,000＋78,400＋450,000＝612,400円
　※Aさんの外来療養は21,000円以下なので対象外となる

最後に①の70歳未満の世帯合算の計算を行うことになります。つまり、3段階で高額療養費を計算するということです。

■ 事前に申請すると自己負担限度額だけの支払いですむ

　高額療養費が支給され、最終的な負担額が軽減されても、医療機関の窓口でいったん支払いをしなければなりません。したがって金銭的な余裕がないと、そもそも医療を受けることができないこともあります。その場合は、高額療養費の現物支給化の制度を利用することができます。申請は、国民健康保険の場合は市区町村の窓口、協会けんぽの場合は各都道府県支部、それ以外の医療保険に加入の場合は勤め先の健康保険組合に、限度額適用認定証の申請を行います。これを医療機関に提示することで、自己負担限度額のみの支払いですみます。

特定疾病

人工腎臓（人工透析）を実施している慢性腎不全、血友病のうち、血しょう分画製剤を投与している先天性血液凝固第Ⅷ因子障害または先天性血液凝固第Ⅸ因子障害、抗ウィルス剤を投与している後天性免疫不全症候群（HIV感染を含み、厚生労働大臣の定める者に限る）。

高額医療・高額介護合算療養費制度

医療費と介護サービス費の合計が上限を超えた場合、返金される

> **高額医療・高額介護合算療養費の受給**
>
> 医療保険・介護保険の自己負担額のいずれかが0円である場合は受給できない。
> また、高額療養費が受給できなくても、高額医療・高額介護合算療養費の要件を満たす場合には、高額介護合算療養費を受給することができる。

■ 自己負担軽減の目的で設けられた

　1か月の間に医療費が高額となり、一定の額を超えて自己負担額を支払ったとき、「高額療養費」として一定の額を超えた分が支給されます。また、同様に介護サービス費が高額となり、一定の額を超えた場合は、「高額介護サービス費」が支給されます。介護サービス費の高額負担者は、医療費の高額負担者であることも多く、それぞれの制度の自己負担上限額を負担する場合、その合計額は大きな負担となります。

　そこで、その自己負担を軽減する目的で、高額医療・高額介護合算療養費制度が設けられました。この制度は、年額で限度額が設けられ、医療費と介護サービス費の自己負担額の合計が著しく高額となる場合、申請して認められるとその超過額が後から支給されます。

　対象となるのは、被用者保険、国民健康保険、後期高齢者医療制度の医療保険各制度の世帯で、介護保険の受給者がいる場合です。毎年8月1日からの1年間で、その世帯が自己負担する医療費と介護サービス費の自己負担額の合計が、設定された自己負担限度額を超えたときに、超えた金額が支給されます。

　この自己負担限度額は、60万円（70歳以上は56万円）が基本ベースとなっていますが、加入している医療保険の各制度や世帯所得によって細かく設定されています。

　自己負担限度額は、世帯の年齢構成や所得区分によって次ページ図のように異なります。

高額介護合算療養費の自己負担限度額

所得区分	基準額 （70歳未満の場合）	基準額 （70歳以上の場合）
年収　約1,160万円超	212万円	212万円
年収　約770万円～約1,160万円	141万円	141万円
年収　約370万円～約770万円	67万円	67万円
年収　約370万円未満	60万円	56万円
低所得者① 被保険者が市町村民税の非課税者等	34万円	31万円
低所得者② 被保険者とその扶養家族すべての方の所得がない、かつ、公的年金額が80万円以下		19万円※

※介護サービス利用者が複数いる場合は31万円

■ 合算を利用するときの手続き

　医療保険が後期高齢者医療制度または国民健康保険の場合は、医療保険も介護保険も所管が市区町村なので、役所の後期高齢者医療または国民健康保険の窓口で支給申請を行います。ただし、年の途中（1年とは8月1日から翌年の7月31日まで）で、医療保険が変更になっている場合（たとえば他の市区町村から移転してきた場合など）は、以前加入していた医療保険窓口に「自己負担額証明書交付申請書」を提出し、「自己負担額証明書」を受け、現在の市区町村に提出します。

　一方、被用者保険の場合、医療保険と介護保険の所管が異なるため、まず介護保険（市区町村）の窓口で介護保険の自己負担額証明書の交付を受け、これを添付して協会けんぽや健康保険組合など、各被用者保険の窓口で、高額医療・高額介護合算療養費制度の支給申請をする必要があります。

> **被用者保険**
> 会社で加入する健康保険制度（保険者が協会けんぽ、健康保険組合）のこと。

PART6 8 傷病手当金

健康保険のしくみ

3日間の待期期間が必要である

■ 業務外の病気やケガで就業できない場合に支給される

業務中や通勤途中で病気やケガをした場合は、労災保険から補償を受けることになりますが、業務外の病気やケガで働くことができなくなり、その間の賃金を得ることができない場合は、健康保険から傷病手当金が支給されます。

傷病手当金の給付を受けるためには、療養のために働けなくなり、その結果、連続して3日以上休んでいたことが要件となります。ただし、業務外の病気やケガといっても美容整形手術で入院したなどで傷病手当金の支給要件を満たしたとしても、療養の対象とならないため傷病手当金は支給されません。

「療養のため」とは、療養の給付を受けたという意味ではなく、自分で病気やケガの療養を行った場合も含みます。「働くことができない」状態とは、病気やケガをする前にやっていた仕事ができないことを指します。なお、軽い仕事だけならできるが以前のような仕事はできないという場合にも、働くことができない状態にあたります。

■ 支給までには3日の待期期間がある

傷病手当金の支給を受けるには、連続して3日間仕事を休んだことが要件となりますが、この3日間はいつから数える（起算する）のかを確認する必要があります。

3日間の初日（起算日）は、原則として病気やケガで働けなくなった日です。たとえば、就業時間中に業務とは関係のない事由で病気やケガをして働けなくなったときは、その日が起算

請求手続

傷病手当金支給申請書を提出する。提出先は、事業所を管轄する全国健康保険協会の都道府県支部または会社の健康保険組合となる。

任意継続被保険者の傷病手当金

任意継続被保険者は傷病手当金の給付対象とならない。

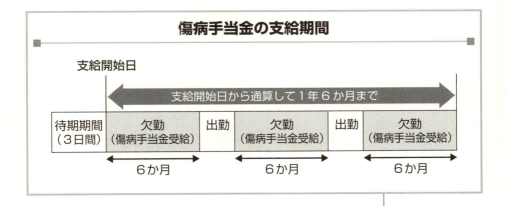

日となります。また、就業時間後に業務とは関係のない事由で病気やケガをして働けなくなったときは、その翌日が起算日となります。

休業して4日目が傷病手当金の支給対象となる初日となり、それより前の3日間については傷病手当金の支給がないため「待期の3日間」と呼びます。待期の3日間には、会社などの公休日や有給休暇も含みます。この3日間は必ず連続している必要があります。

■ 傷病手当金は1年6か月まで支給される

傷病手当金の支給額は、1日につき標準報酬日額の3分の2相当額です。ただ、会社などから賃金の一部が支払われたときは、傷病手当金と支払われた賃金との差額が支払われます。

標準報酬日額とは、直近1年間の標準報酬月額を平均した額の30分の1の額で、傷病手当金の支給期間は、傷病手当金の支給対象となる日を通算して1年6か月です。これは、支給を開始した日からの暦日数で数えます。なお、出産手当金が支給される場合は傷病手当金は支給されませんが、出産手当金より傷病手当金の方が多い場合は、差額が傷病手当金として支給されます。

出産した場合の給付

PART6 9
健康保険のしくみ

産前産後について手当金が支給される

■ 出産で会社を休んだ場合のための給付がある

出産は病気やケガではありませんので、出産にかかる費用については療養の給付を受けることができません。

そこで、健康保険では、出産のために仕事を休んだ場合の賃金の補てんと出産費用の補助を行っています。賃金の補てんとしての給付を出産手当金、出産費用の補助としての給付を出産育児一時金といいます。

> **補てん**
> 損失や不足分を埋め合わせること。

■ 出産手当金は産前42日産後56日まで支給される

被保険者が出産のため、休業することによって、賃金を得ることができなかった場合（または減額された場合）に支給されます。

出産手当金の支給を受けることができる期間は、出産日以前（産前）42日（双児以上の妊娠は98日）から出産日後（産後）56日までの間です。出産日当日は産前に含まれます（次ページ図参照）。出産手当金の支給額は、休業1日につき標準報酬日額（直近1年間の標準報酬月額を平均した額の30分の1の額）の3分の2相当額です。ただ、会社などから賃金の一部が支払われたときは、出産手当金と支払われた賃金との差額が支給されます。

出産手当金の出産とは妊娠85日（4か月）以上の出産をいいます。早産、死産、流産、人工中絶も含みます。

また、実際の出産が当初の予定日より遅れた場合は、実際に出産した日までの期間について出産手当金が支給されます。つまり、出産手当金の産前の支給期間が42日（双児以上の場合は

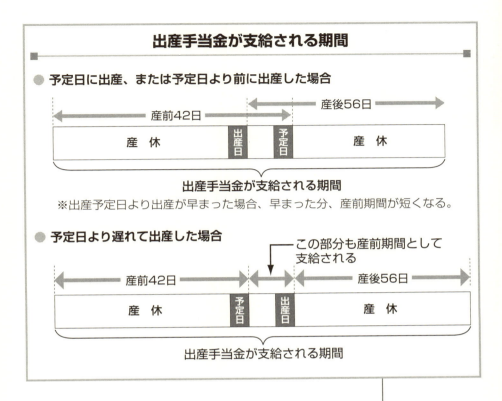

98日）よりも延びることになります。逆に出産が予定日よりも早まったときは、支給期間が42日に満たないこともあります。

　出産手当金は傷病手当金と違い、対象となる休業期間に働くことができるかどうかは関係ありません。実際に働かなかった日があれば、出産手当金の支給の対象となります。

■ 出産育児一時金として50万円が支給されている

　健康保険の被保険者が出産したときは、出産育児一時金として、一児につき50万円が支給されます（双児以上の場合は50万円×人数分）。ただし、産科医療補償制度（出産時の事故で重度の脳性麻痺児が生まれた場合に補償を行う制度）に加入しない保険医療機関で出産した場合、支給額は48万8,000円となります。

被扶養者の出産
被扶養者である家族が出産した場合、家族出産育児一時金が支給される。

PART6
10

健康保険のしくみ

入院時食事療養費・生活療養費

入院に伴い食事の提供を受けたときの給付

■ 入院中の食事の提供を受けることができる

病気やケガなどをして入院した場合、診察や治療などの療養の給付(現物給付)の他に、食事の提供を受けることができます。この食事の提供(現物給付)としての保険の給付を入院時食事療養費といいます。

入院時食事療養費の給付を受けた場合、原則として1食あたり490円の自己負担額(標準負担額)を支払う必要があります。標準負担額を超える分については、保険者が医療機関へ直接支払います。なお、標準負担額については、次ページ図のような住民税非課税者などへの減額措置が設けられています。また、長期入院の負担軽減の観点から、入院日数が90日を超える場合にも減額を行う措置が設けられています。

■ 入院時生活療養費はどんな場合に支給されるのか

介護保険が導入され、要介護認定された人はさまざまな介護サービスを受けることができるようになりました。一方で入院患者は、症状が重い間は、医師や看護婦により十分な看護を受けていますが、ある程度症状が安定し、リハビリが必要となる段階では、看護が少なくなり、65歳以上の高齢者は介護を受けながら生活するようになります。そこで、介護保険との均衡の観点から、入院する65歳以上の方の食事や居住に要した費用について、保険給付として入院時生活療養費が支給されています。

入院時生活療養費の額は、生活療養に要する平均的な費用の額から算定した額をベースに、平均的な家計における食費及び

介護サービスと入院時食事療養費

介護保険法に規定する介護医療院サービスを行う療養病床等に入院中の者には、健康保険からの入院時食事療養費は受給されない。

後期高齢者医療給付

病気やケガで病院にかかったときの療養の給付など、後期高齢者医療制度(180ページ)によって行われるサービスのこと。

食事療養についての標準負担額

対象者区分	標準負担額（1食あたり）
一般の者【原則】	490円
指定難病患者、小児慢性特定疾患の者 （住民税非課税世帯以外）	280円
住民税非課税世帯の者	230円
住民税非課税世帯の者（入院日数が90日を超える者）	180円
70歳以上で、住民税非課税世帯かつ所得が一定基準に満たない者	110円

※令和6年6月1日から

入院時の生活療養についての標準負担額

区　分		食費負担額 （1食につき）	居住費負担額 （1日につき）
課税世帯	医療区分Ⅰ （Ⅱ・Ⅲ以外）	490円 (450円※2)	370円
	医療区分Ⅱ・Ⅲ※1	450円	370円
	難病患者など	280円	0円
低所得者Ⅱ （市民税非課税世帯）		230円 (180円※3)	370円
低所得者Ⅰ （70歳以上で年金収入80万円以下など）		140円 (110円※4)	370円

※1　医療の必要性の高い場合
※2　管理栄養士などを配置していない保険医療機関に入院している場合
※3　入院の必要性が高く、直近12か月の入院日数が90日を超えている場合
※4　入院の必要性が高い場合など

　光熱水費など、厚生労働大臣が定める生活療養標準負担額を控除した額、となっています。
　なお、低所得者の生活療養標準負担額については、上図のように軽減されています。

PART6 11 家族療養費

健康保険のしくみ

被保険者の被扶養者が病気やケガをした場合の給付

■ 被扶養者には家族療養費が支給される

　被保険者の被扶養者が病気やケガをして、保険医療機関で療養を受けたときは、家族療養費が給付されます。

　家族療養費は被保険者が受ける療養の給付、療養費、保険外併用療養費、入院時食事療養費、入院時生活療養費を一括した給付です。

　そのため、現物（治療行為など）で給付を受けるもの（現物給付）と現金で給付を受けるもの（現金給付）とがあります。家族療養費の給付内容は、被保険者が受ける療養の給付などの給付とまったく同じものになります。

　たとえば、療養の給付であれば、保険医療機関の窓口で健康保険被保険者証（カード）を提出して、診察、薬剤・治療材料の支給などを受けますが、被扶養者も同様に保険証を提示して治療などを受けます。

　現物給付として家族療養費の支給を受けることができない場合に、現金給付である家族療養費の支給を受けることができますが、支給を受ける場合には、被保険者に対する療養費と同様に以下の要件を満たすことが必要です。

・保険診療を受けることが困難であるとき
・やむを得ない事情があって保険医療機関となっていない病院などで診療・手当などを受けたとき

■ 被扶養者が治療を受けた場合の自己負担額

　自己負担額（被保険者が負担する部分）も被保険者と同じよ

被扶養者に対する給付

被扶養者に対する給付
- **家族療養費**
  被保険者が受け取る療養の給付、療養費、保険外併用療養費、入院時食事療養費・生活療養費を一括した給付
- **高額療養費・高額介護合算療養費**
  被保険者の場合と同様
- **家族埋葬料**
  5万円
- **家族出産育児一時金**
  被保険者の場合と同様

うに、義務教育就学後70歳未満の者については3割、義務教育就学前の者は2割、70歳以上の者は2割（ただし、現役並みの所得者については3割）となっています。

なお、現役並みの所得者とは、70歳に達する日の属する月の翌月以後にある被保険者で、療養を受ける月の標準報酬月額が28万円以上である者の被扶養者（70歳に達する日の属する月の翌月以後にある被扶養者に限る）です。

ただし、標準報酬月額が28万円以上の者であっても年収が一定額以下の場合には申請により、自己負担割合は2割が適用されます。

■ 家族療養費が支給されない者もいる

後期高齢者医療制度（180ページ）の給付を受けることができる者には家族療養費の支給は行いません。また、介護保険法に規定する介護医療院サービスを行う療養病床などに入院中の者にも家族療養費が支給されません。

> **標準報酬月額**
> 社会保険の保険料と保険給付の決定の基礎になる報酬の月額。

> **後期高齢者医療制度**
> 75歳以上になると必然的に後期高齢者医療制度に加入しなければならない。そのため、被扶養者に該当していたとしても75歳になると資格を喪失する。

PART6 12 訪問看護療養費と移送費

健康保険のしくみ

自宅で療養する者への訪問看護サービスである

■ 訪問看護療養費はどんな場合に支給されるのか

末期ガン患者などの、在宅で継続して療養を受ける状態にある者に対して行う健康保険の給付が訪問看護療養費です。訪問看護療養費は、かかりつけの医師の指示に基づき、指定訪問看護事業者（訪問看護ステーション）の看護師等による訪問看護サービスの提供を受けたときに支給されます。

指定訪問看護事業者とは、厚生労働大臣の定めた基準などに従い、訪問看護を受ける者の心身の状況などに応じて適切な訪問看護サービスを提供する者です。厚生労働大臣の指定を受けた事業者で、医療法人や社会福祉法人などが指定訪問看護事業者としての指定を受けています。

訪問看護療養費は、保険者が必要と認めた場合に限って支給されます。たとえば、末期ガン、筋ジストロフィー・脳性まひなどの重度障害、難病、脳卒中などの場合の在宅療養が対象となります。

訪問看護サービスを受けた場合、被保険者は厚生労働大臣の定めた料金の100分の30の額を負担する他、訪問看護療養費に含まれないその他の利用料（営業日以外の日に訪問看護サービスを受けた場合の料金など）も負担します。

■ 転院時のタクシー代などが支給される

現在かかっている医療機関の施設や設備では十分な診察や治療が受けられないようなケースにおいて、患者が自力で歩くことが困難なときは、タクシーなどを使って、移動する必要があ

訪問看護

看護師などが患者の自宅を訪れて、療養上の世話や診療の補助をするもの。

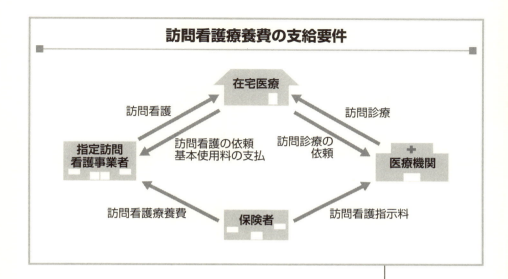

ります。医師の指示によって、緊急に転院した場合などのように、転院に伴って必要になるタクシー代などの移動費について、健康保険から給付を受けることができます。これを移送費といいます。移送費は現金給付です。

いったんタクシー代などの移送費を自分で支払い、後で、移送費相当額の給付を受けることになります。移送費は原則として保険者（届出先は全国健康保険協会各都道府県支部または健康保険組合）による事前承認が必要になります。ただ、緊急を要するなどのやむを得ない事情がある場合は事後承認でもかまいません。

■ 支給額は合理的な経路による場合の運賃全額

移送費として受けることができる額は、低廉かつ通常の経路および方法によって移送した場合の運賃になります。

なお、医師が医学的に必要だと認める場合は、医師や看護師などの付添人（1人だけ）にかかった交通費も移送費として支給されます。

PART6 13 死亡した場合の給付

健康保険のしくみ

自殺した場合にも支給される

■ 被保険者が死亡すると遺族に埋葬料が支給される

被保険者が業務外の事由で死亡した場合に、その被保険者により生計を維持されていた人で埋葬を行う人に対して埋葬料が支払われます。

埋葬料は、被保険者が自殺した場合にも支払われます。

「被保険者により生計を維持されていた人」とは、被保険者である親が死亡した場合の子などです。ただ、民法上の親族や遺族でない者でも、同居していない者であってもかまいません。また、生計の一部を維持されていた人も含みます。健康保険の被扶養者である必要はありません。

「埋葬を行う人」とは、常識的に考えて埋葬を行うべき人をいいます。たとえば、従業員である被保険者が死亡して、社葬を行ったとしても、死亡した被保険者によって生計を維持している配偶者がいる場合は、その配偶者が、埋葬を行う人となり、配偶者に埋葬料が支給されます。他にも被保険者の子がこれにあたります。被保険者の配偶者や子がいない場合は、被保険者の兄弟姉妹やその他親戚の者などです。

埋葬料の額は、標準報酬月額に関わりなく、協会けんぽの場合一律5万円です。

埋葬料を請求するときは、「健康保険埋葬料請求書」に、死亡診断書などを添付して保険者に提出します。このとき、健康保険被保険者資格喪失届と被保険者の健康保険証（被扶養者分も含む）も一緒に提出することになります。

被扶養者分も含めて健康保険証を保険者に返還するというこ

標準報酬月額

社会保険の保険料と保険給付の決定の基礎になる報酬の月額。

死亡した場合の給付

死亡したとき
- 被保険者の死亡 ……5万円（埋葬料）
- 被扶養者の死亡 ……被保険者に対して5万円支給（家族埋葬料）

とは、それ以降、健康保険からの給付が受けられないということです。これは、被保険者が死亡した時点で、被扶養者としての権利も消滅してしまうからです。

■ 身寄りのない者のときは埋葬者に支給される

身寄りのない1人暮らしの被保険者が亡くなったときのように、被保険者と生計維持関係にあった者がいないため、埋葬料を受ける者がいない場合は、実際に埋葬を行った者に埋葬費が支給されます。被保険者と離れて暮らしている被保険者の子、父母、兄弟姉妹や、友人、会社の同僚、町内会の代表などが埋葬を行った場合も該当します。

埋葬費の額は、埋葬料の金額の範囲内で、実際に埋葬に要した実費相当額です。費用には霊柩車代、霊前供物代、僧侶謝礼、火葬料などが含まれますが、参列者の接待費用や香典返しなどは含まれません。

■ 被扶養者が死亡したら家族埋葬料が支給される

被扶養者が死亡したときは、被保険者に対して家族埋葬料が支給されます。家族埋葬料の支給額は、協会けんぽの場合、一律5万円です。死産児は被扶養者に該当しないことから、家族埋葬料の支給の対象にはなりません。請求方法は埋葬料の場合と同じです。

> **資格喪失後の埋葬料・埋葬費**
> ①資格喪失後3か月以内に死亡したとき、または、②資格喪失後の傷病手当金・出産手当金の継続給付を受けている間または受けなくなって3か月以内に死亡した場合には、埋葬料、埋葬費が支給される。

PART6 14 任意継続被保険者

健康保険のしくみ

退職後も2年間健康保険に加入することができる制度

■ 任意継続の保険料には上限がある

　健康保険には、退職後も在籍していた会社の健康保険制度に加入できる任意継続被保険者という制度があります。

　退職日の前日まで被保険者期間が継続して2か月以上あれば、被保険者資格を喪失してから2年間、任意継続被保険者になることができます。ただし、75歳以上で後期高齢者医療制度へ加入しなければならない場合は、任意継続被保険者になることはできません。

　任意継続被保険者は、会社を通さず、個人で、在職中に加入していた健康保険に継続して加入することになります。

　傷病手当金、出産手当金を除いて在職中と同様に、健康保険の給付を受けることができます。ただ、在籍中は、会社が保険料の半分を負担していましたが、任意継続後は、全額を自己負担することになります。

　任意継続においては、保険料に上限があるのがポイントです。上限額は保険者によって異なりますが、全国健康保険協会管掌健康保険では標準報酬月額30万円の場合の保険料が上限になります（東京都の介護保険第2号被保険者該当者の場合、令和6年4月分からは、34,740円）ので、在職中の保険料がこの上限を超えていた者や被扶養者の多い者は、国民健康保険を選択するよりも保険料が安くなることもあります。

　保険料は原則2年間は変わりません。ただし、都道府県別の健康保険料率や介護保険料率が変更されたり、標準報酬月額の上限に変更があった場合は、それに合わせて変更されます。

国民健康保険
職場の健康保険に加入する人や生活保護を受けている人などを除く一般国民が加入する健康保険。

任意継続被保険者の手続

任意継続被保険者 →
- 全国健康保険協会管掌健康保険 ・・・・・・ 全国健康保険協会の都道府県支部
- 組合管掌健康保険 ・・・・・・ 従前の健康保険組合事務所

■ 保険料の納付が1日でも遅れると資格を失う

　任意継続被保険者になるためには、退職日の翌日から20日以内に、「健康保険任意継続被保険者資格取得申出書」を保険者に提出しなければなりません。

　毎月の保険料は、月初めに送付される納付書で原則として毎月10日までに納付することになります。納付方法は、コンビニエンスストア、一部金融機関窓口、一部金融機関ATM、インターネットバンキングの他、口座振替を選択することもできます。また、6か月分、12か月分および任意継続被保険者となった翌月分から9月分まで（または3月分まで）を前納することができます。

　毎月の保険料の納付が1日でも遅れると、原則として被保険者資格がなくなります。任意継続の期間は、任意継続被保険者となった日から2年間です。

　任意継続をする場合、継続期間中は保険料が変わりません。これに対して、市区町村によって運営されている国民健康保険の保険料は前年の所得などによって、毎年度変わりますから、退職した年は任意継続の保険料が低いと思っても、次年度以降で国民健康保険の方が有利になることもあります。

任意継続被保険者の資格喪失

任意継続被保険者は任意で資格喪失をすることはできない。喪失理由は下記のとおりである。
・保険料を納付期日までに納付できないとき
・他の健康保険に加入したとき
・死亡したとき
・任意継続被保険者となってから2年を経過したとき

PART6 15 退職後の健康保険

健康保険のしくみ

いずれかの公的医療保険制度に加入することになる

■ 必ず医療保険には入らなければならない

　健康保険は会社を退職すると加入資格を失いますので、在職中に使っていた健康保険証（健康保険被保険者証）は、会社を通して返却しなければならず、退職した日の翌日からは使えません。現在の健康保険制度は、国民すべてがいずれかの公的医療保険制度に加入することになっています。会社を退職した後は、国民健康保険などのいくつかの制度の中から該当するものを選ぶことになります。

■ 任意継続被保険者や国民健康保険を検討する

　会社に勤めている間は、組合または全国健康保険協会管掌の健康保険の被保険者になっています。しかし、会社を辞めると、後にどの健康保険に入るのかを自分で決めなければなりません。
　会社を退職した後は、通常、再就職して再度健康保険の被保険者となるまでの間任意継続被保険者になるか、市区町村が運営する国民健康保険へ加入することになります。
　なお、健康保険は被保険者だけでなく、被扶養者も給付の対象としている点に特徴があります。そのため、退職後、次の就職先が見つかるまでの間、家族が被保険者になっている健康保険の被扶養者になるという方法もあります。ただし、被扶養者の向こう1年の年収が130万円未満（60歳以上または障害者は180万円未満）でなければ被扶養者にはなれないため、注意が必要です。

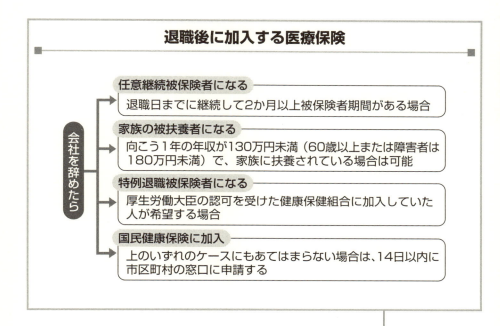

特例退職被保険者になることができる場合もある

　在職中の健康保険が、厚生労働大臣の指定する特定健康保険組合の組合管掌の健康保険であれば、特例退職被保険者として退職後も健康保険の被保険者になることができます。特例退職被保険者になれるかどうかは、健康保険組合の加入期間が20年以上で、厚生年金を受給しているかどうかなど特定健康保険組合の約款により定められます。

　特例退職被保険者には健康保険組合から、健康保険の一般被保険者と基本的に同様の給付を受けることができます。ただし、傷病手当金と出産手当金を受給することはできません。

　この特例退職被保険者制度は、定年後から後期高齢者医療制度に加入するまでの間、今までと同程度の保険給付を受けることが可能な制度です。しかし、近年の高齢者の医療費の増加もあって、健康保険組合の財政は圧迫されており、特例退職被保険者制度を維持しているのはごく少数だといえます。

特例退職被保険者と付加給付

個々の健康保険組合が定める約款にもよるが、法定給付に加えて健康保険組合が独自に給付する付加給付についても、一般被保険者と同様の給付を受けることができるケースが多いようである。

PART6 16 後期高齢者医療制度

健康保険のしくみ

国民皆保険を維持するために後期高齢者医療制度が作られた

■ 後期高齢者医療制度とは

日本では世界に類をみないほど高齢化が進行しており、それに伴い入院の長期化、高い医療水準による平均寿命の延びなど医療費の増大リスクが問題となっています。また、仕事を定年退職すると、ほとんどの人は市町村が運営する国民健康保険に加入するのが一般的となっており、それらの医療費が市町村財政を圧迫しているという問題もあります。

そのため、これまでの国民皆保険を維持するために、75歳以上の高齢者を広域の地域が運営する独立した後期高齢者医療制度に加入させ、給付を行うことにしました。これを後期高齢者医療制度といいます。

似たような制度として、前期高齢者医療制度があります。これは65歳から74歳までの前期高齢者について、国民健康保険・各被用者保険（協会けんぽ、健康保険組合など）の間で費用の負担の不均衡を前期高齢者の割合で調整する制度のことです。

後期高齢者医療制度では、都道府県ごとにすべての市町村が加入する広域連合を設け、疾病、負傷、死亡に関して必要な給付を行います。

前期高齢者医療制度、後期高齢者医療制度はともに、「高齢者の医療の確保に関する法律」に規定されています。

■ 後期高齢者医療の給付には何があるのか

後期高齢者医療においても、給付の種類は大きく変わりません。

① 法定必須給付（必ず行わなければならない給付）

高齢者の医療の確保に関する法律
平成20年4月1日に老人保健法から改正された法律。前期高齢者の保険者間の費用負担の調整、後期高齢者の適正な医療の給付などを行うために必要な制度を設けるよう規定されている。

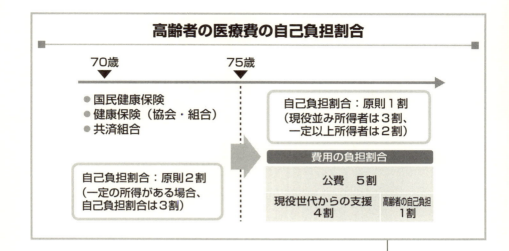

療養の給付、療養費、高額介護合算療養費、入院時食事療養費、訪問看護療養費、特別療養費、入院時生活療養費、移送費、保険外併用療養費、高額療養費
② **法定任意給付（原則として行わなければならない給付）**
葬祭費、葬祭の給付
③ **任意給付（任意に行うことができる給付）**
傷病手当金

療養の給付の負担金は、原則1割です。ただし、一定所得以上の人は2割、所得が145万円以上の現役並み所得者については、3割を負担しなければなりません。

■ 療養の給付などの負担割合

費用の負担割合は、50％を公費、40％を国民健康保険や被用者保険からの支援金、10％を高齢者の保険料からまかなっています。運営は都道府県単位の広域連合が行うため、原則、都道府県ごとに保険料が決定され、高齢者全員で公平に負担することが可能になっています。また、現役世代が支援金として金銭的に援助するため、より持続可能な制度となっています。

特別療養費
被保険者資格証明書の交付を受けた人が保険医療機関にかかり、医療費の全額を支払った場合に、支払った額のうち自己負担額を除いた額を申請に基づいて支給すること。

PART6 17 損害賠償請求の代位取得

健康保険のしくみ

交通事故などで負傷した場合の処理がある

■ 代位取得とは

　自動車事故にあってケガをした場合、被害者である被保険者（または被扶養者）は事故の加害者に対して、ケガの治療費など（治療費や治療で仕事を休んだために収入が減った分の補てんなど）の損害相当額を請求できます。これが民法が規定する損害賠償請求権です。

　ただ、事故のように緊急を要する場合には、とりあえず健康保険を使って治療を受けることもあります。こういったケースでは、本来、事故の加害者が負うべき被害者の治療費を健康保険が支払った形になります。この場合、被害者が健康保険からの給付に加えて加害者からの損害賠償を受けることができるとすると、二重に損害の補てんを受けることになりますが、いかに被害者とはいえ、そこまで認めるのは不合理です。

　そこで、このケースのように先に健康保険からの給付を受けた場合、保険者（全国健康保険協会または健康保険組合）は保険給付を行った額を限度として、被害者（被保険者または被扶養者）が加害者（第三者）に対して有する損害賠償請求権を取得することとしました。これを損害賠償請求権の代位取得といいます。保険者は第三者への通知や承諾を得なくても当然に権利を取得しますので、直接、第三者に対して損害賠償を請求することができます。

■ 先に損害賠償を受けると健康保険は支給されない

　代位取得の場合とは逆に、健康保険の保険給付を受ける前に

補てん
損害や不足分を埋め合わせること。

代位取得の範囲

代位取得
- ・療養の給付としての現物給付相当額
- ・傷病手当金相当額
- ・埋葬料（費）相当額　など

　加害者から損害賠償としての治療費などの支払いを受けた場合は、支払いを受けた価額の限度において健康保険の給付を行わなくてもよいことになっています。

　なお、ひき逃げされた場合などのように、加害者としての第三者がわからないこともありえます。こういったケースでは、被害者は健康保険の保険給付を受けることになります。

■ 代位取得の範囲はどこまでか

　保険者が代位取得する損害賠償請求権は、療養の給付としての現物給付相当額に限らず、傷病手当金を受けた場合のその額や被害者が死亡した場合の給付である埋葬料（費）についても含みます。ただ、保険給付とは関係のない精神的損害の補てんである慰謝料や見舞金などについては、代位取得の対象とはなりません。

　また、被害者と加害者の間で示談が成立している場合、被害者が賠償金を受け取った日において被害者が加害者に対して持っている損害賠償請求権が消滅し、それに伴い保険者による代位取得の余地もなくなるので、保険給付は行われないことになります。損害賠償の一部についてだけ示談が成立した場合は、残りの部分について代位取得の余地が残ります。

> **慰謝料**
> 被害者の精神的損害を償うお金。

PART6 18 日雇労働者

健康保険のしくみ

日々雇われる者や短期に雇用される者のことである

■ 日払いで働く者のことである

日雇労働者とは、その日ごとに労働関係を清算する特殊な労働形態を常態とする労働者です。

健康保険では日々雇われる者について、短期雇用者という性質上、保険料の徴収や保険給付に関し、一般被保険者と異なるしくみをとっています。そのため、適用事業所で働く場合であっても一般被保険者としては扱いません。

強制適用事業所や任意適用事業所で働くことになった日雇労働者は、健康保険の日雇特例被保険者になります。適用事業所以外の事業所で働く場合は日雇特例被保険者にはなりません。

■ 日雇労働者の形態には4つある

日雇労働者には、次の①～④の4つの形態があります。

① **臨時に使用される者で日々雇い入れられる者**

同じ事業所で1か月を超えて引き続き雇用されることになった場合は、その日から一般被保険者になります。

② **臨時に使用される者で2か月以内の期間を定めて雇用される者**

同じ事業所で所定の期間を超えて引き続き雇用されることになった場合は、その日から一般被保険者になります。

③ **季節的業務に使用される者**

たとえば、海水浴場の監視員やスキー場のスタッフなどがこれにあたります。季節的業務に使用される者は、当初から継続して4か月を超える予定で雇用される場合は、当初から一般の

強制適用事業所
事業主や従業員の意思に関係なく、健康保険・厚生年金保険への加入が定められている事業所のこと。

任意適用事業所
強制適用事業所とならない事業所で厚生労働大臣の認可を受けて、健康保険・厚生年金保険の適用となった事業所のこと。

日雇労働者の賃金
日雇労働者の賃金については、3か月を超える期間ごとに支払われるもの（賞与など）を除いて、賃金、給料、手当などすべてを含む。臨時に支払われるものが除かれない点が一般の被保険者との違いである。

賃金日額の算定
日雇特例被保険者の賃金日額は、標準賃金日額や1日の保険料の額（印紙の額）を決める基準になる。賃金の形態によって、賃金日額の算定方法は異なる。

日雇特例被保険者にならない者

①	適用事業所で引き続き2か月間に通算して26日以上使用される見込みのないことが明らかなとき
②	任意継続被保険者であるとき
③	農業、漁業、商業等、他に本業がある者が臨時に日雇労働者として使用されるとき
④	大学生などが夏休みや春休みなどに臨時にアルバイトとして使用される場合
⑤	主婦などの健康保険の被扶養者が日雇労働や短期間の労働に従事するとき

被保険者として扱わなければなりません。

④ 臨時的事業に使用される者

たとえば、博覧会のコンパニオンなどがこれにあたります。臨時的事業に使用される者については、当初から継続して6か月を超える予定で雇用される場合は、当初から一般の被保険者として扱わなければなりません。

■ 日雇特例被保険者とは

日雇労働者が強制適用事業所や任意適用事業所で使用される場合、健康保険の日雇特例被保険者になります。

上図の①～⑤のいずれかに該当する日雇労働者は、厚生労働大臣の承認（実務上は年金事務所長等の承認）を得て、日雇特例被保険者にならないでいることもできます。

日雇特例被保険者の保険料は、日雇特例被保険者手帳に健康保険印紙を貼付し、これに事業主が消印することによって納付します。手帳は使用された日ごとに事業主に提出し、貼付・消印する必要があります。日雇特例被保険者はこの手帳によって、保険料の納付実績を証明し、健康保険の給付の受給資格を満たすかどうかの判定を受けます。

異なる事業所からの賃金

1日に2か所以上の適用事業所で使用された場合、最初に使用された事業所で受ける賃金について算定し、賃金の合算はしない。

標準賃金日額

日雇特例被保険者の保険料は標準賃金日額によって決まる。標準賃金日額は11等級（3000円～2万4750円）に区分されていて、この区分けに日雇特例被保険者の賃金日額をあてはめて、等級を決める。

PART6 19 日雇特例被保険者の保険給付の種類

健康保険のしくみ

一般被保険者とほぼ同じ給付が受けられる

■ 特別療養費という独自の給付がある

　日雇特例被保険者の受けることができる保険給付は、基本的には一般の被保険者が受ける保険給付の内容とほぼ同じです（次ページ図）。

　特別療養費については、初めて日雇特例被保険者になった者が療養の給付の受給要件を満たせないことに対する救済措置としての給付です。

■ 療養の給付の支給を受けるには特別の要件がある

　日雇特例被保険者の場合、一般被保険者とは異なり、被保険者になっただけでは療養の給付を受けることができません。

　次の要件のいずれかを満たした場合にはじめて受給することができるようになります。

　この要件は、最初に療養の給付を受ける月において満たしていればよく、その後、保険料納付日数が不足しても、所定の給付期間は療養の給付を受給できます。

① 初めて療養の給付を受ける日の属する月より前の2か月間に通算して26日分以上の保険料を納付していること
② 初めて療養の給付を受ける日の属する月より前の6か月間に通算して78日分以上の保険料を納付していること

■ 受給するときには受給資格者票を提示する

　日雇特例被保険者の場合、一般の被保険者のように健康保険証がありません。日雇特例被保険者が療養の給付を受ける場合、

日雇特例被保険者に対する保険給付の種類

	被保険者	被扶養者
傷 病	療養の給付 入院時食事療養費 入院時生活療養費 保険外併用療養費 療養費	家族療養費
	訪問看護療養費	家族訪問看護療養費
	移送費	家族移送費
	傷病手当金	
死 亡	埋葬料（費）	家族埋葬料
分娩（出産）	出産育児一時金	家族出産育児一時金
	出産手当金	
その他	特別療養費、高額療養費、高額介護合算療養費	

　まず、日雇特例被保険者手帳を自分の住所地を管轄する全国健康保険協会の都道府県支部に提示して、保険料納付実績の確認を受けた上で「受給資格者票」を交付してもらいます。受給資格者票は一般被保険者の保険証にあたるもので、これを保険医療機関や保険薬局に提示することによって、療養の給付を受けることができます。日雇特例被保険者の一部負担金（自己負担）は、一般の被保険者と同じです（原則3割）。

■ 受給期間は手帳の所持期間によって異なる

　日雇特例被保険者の受給期間は療養の給付の開始の日から1年間ですが、結核性疾患の場合には5年間です。ただし、保険料の納付要件（前ページ）を満たしている場合には、当該期間を過ぎた後も療養の給付などを受けることができます。

受給資格者票
健康保険の一般被保険者の保険証にあたるもので、療養の給付等を受けるときに日雇特例被保険者が保険医療機関等に提示すべきもの。

Column

パートタイマーの所得調整・年末調整・社会保険

　会社員の配偶者がパートで働く場合、年収103万円以下であれば、配偶者本人の所得税が課税されず、会社員の控除対象配偶者になれます。これを「103万円の壁」と呼んでいます。給与収入から控除される給与所得控除額が最低55万円、すべての人が対象となる基礎控除額が48万円（合計所得金額が2400万円以下の場合）であるため、年収103万円以下であれば所得が「ゼロ」になり、所得税が課税されません。ただし、配偶者特別控除が適用される場合には、配偶者の年収150万円まで配偶者控除と同額（38万円、配偶者が70歳以上の場合は48万円）の控除が受けられます（150万円超から減少して201万円超でゼロとなる）。これを「150万円の壁」と読んでいます。

　そして、パートタイマーであっても、所得税を源泉徴収されていた場合、年末調整（1年間に源泉徴収した所得税の合計額と本来の所得税額を一致させる手続）を行うことで、源泉所得税の還付を受けることができます。

　なお、「103万円の壁」については、改正についての議論が行われています。最低賃金の上昇にともない、「103万円」を「178万円」まで引き上げるべきという意見（基礎控除の部分を48万円から123万円に引き上げる）が出されており、検討が進められています。また、「106万円の壁」や「130万円の壁」というものもあります。

　「106万円の壁」は特定適用事業所に勤務する配偶者の収入が106万円以上となると配偶者本人の社会保険料負担が発生することを指し、「130万円の壁」については、配偶者の収入が130万円を超えると納税者の健康保険などの扶養から外れてしまうことを指します。なお、「106万円の壁」についても、収入要件を撤廃するかしないかという検討が厚労省により進められているところです。

PART 7

年金制度のしくみ

公的年金制度の全体像

PART7-1 年金制度のしくみ

加入している年金制度によって給付額が異なる

■ 公的年金には国民年金と厚生年金保険がある

　年金制度は誰が管理・運営するかによって、①公的年金、②企業年金、③個人年金の３つに分けることができます。この３つの年金のうち、公的年金は、老齢、障害、死亡といった事由に対して給付を行っています。

　国が管理・運営する年金のことをまとめて公的年金といいます。以前まで公的年金には、①国民年金、②厚生年金保険、③共済年金の３つの制度がありました。しかし、平成27年10月1日からは「被用者年金一元化法」により③の共済年金は、②の厚生年金保険に一元化されました。20歳以上のすべての国民は何らかの公的年金に加入しています。国民年金は、20歳以上の国民全員が加入しています。厚生年金保険は会社員が加入する年金保険で、厚生年金保険の加入者も、厚生年金保険への加入と同時に、国民年金に加入しています。その保険料は、厚生年金保険の保険料として集めた財源の中から、国民年金にまとめて拠出金が支払われているのです。

■ 年金制度の１階部分が国民年金である

　厚生年金保険は昭和17年に始まった労働者年金保険がもとになっていますが、当初は労働者年金保険以外にも多くの年金制度がそれぞれに成立し、バラバラに運用されていました。それらすべての制度が昭和61年の年金の大改正により統合されて、「国民年金」が全国民共通の年金（基礎年金）として位置付けられました。厚生年金保険の加入者（会社員）が同時に国民年

公的年金
国などの公的機関が運営する年金制度。

企業年金
公的年金を補完し、より豊かな老後生活に備えることを目的として、企業が支給する年金のこと。厚生年金基金制度、確定給付企業年金制度、確定拠出年金制度などの種類がある。

個人年金
死ぬまで受け取れる「終身型」の他、受け取れる期間があらかじめ決まっている「確定型」、確定型である上に本人が死亡した場合にも支払いがストップする「有期型」など、いろいろな種類がある。

労働者年金保険
昭和17年（1942年）6月に施行された制度で、現在の厚生年金保険の前身となっている制度。非事務系の男性労働者だけを対象にし、報酬比例部分だけを給付するとしていた。昭和19年（1944年）に事務系男性や女性にも適用範囲を拡大し、厚生年金保険となった。

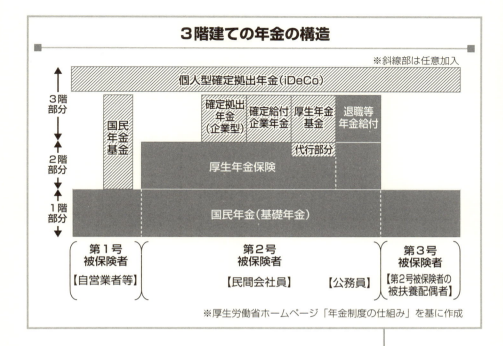

金の加入者になるのはこのためです。

　年金制度が統合された結果、公的年金制度は３階建ての制度になりました（上図）。国民年金がすべての基礎となる１階部分、厚生年金保険が２階部分です。さらに、厚生年金基金などの企業年金や確定拠出年金が３階部分です。国民年金（１階）に入らずに厚生年金保険（２階）や企業年金（３階）だけに加入するといったことはできません。

　年金制度に加入する被保険者については、３種類に区分けすることができます。国民年金だけに加入している人を第１号被保険者、厚生年金の加入者を第２号被保険者、第２号被保険者に扶養されている配偶者を第３号被保険者といいます。第３号被保険者は保険料の負担なしに最低限の年金保障を受けることができ、おもに会社員・公務員世帯の専業主婦（または主夫）が対象となります。

第１号被保険者

国民年金加入者のうち、20歳以上60歳未満の自営業者とその配偶者、学生、無職の者などのこと。

第３号被保険者制度

共働きの家庭と比べて不公平な点もあり、制度のあり方をめぐって見直しが議論されている。

PART7-2 公的年金制度がかかえる問題点

年金制度のしくみ

公的年金の加入は20歳以上の国民の義務

■ 現役世代が今の年金受給者を支えている

保険料の不払いの大きな原因になっている賦課方式とは、現在の年金の支払いを現役の世代の保険料でまかなう制度です。「世代間扶養」ともいいます。実は、自分の保険料が運用されて、将来、自分に返ってくるのではないのです。つまり、現役世代がもらう年金は、その次の世代の保険料から支払われることになります。この制度は、ほとんどの国が採用しています。

■ 年金の財源

年金の財源は、被保険者である国民の掛け金だけでまかなわれているわけではありません。厚生年金の場合、雇い主である企業や役所などが従業員の掛け金と同じ金額を毎月拠出しています。国民年金部分には、国も税金から財源を拠出しています。具体的には、基礎年金給付に要する費用の2分の1を国庫負担しています。

■ 年金制度の課題

現在の公的年金制度は、このまま放っておくと公的年金制度そのものが近い将来に破たんするという話さえ出てきています。

・年金保険料滞納者の増加が深刻な問題

現在、公的年金の掛け金、つまり、年金保険料の不払いが問題になっています。賦課方式のまま、少子高齢化が深刻化すると、今の現役世代の受給額が非常に少なくなってしまうので、年金保険料の支払いを敬遠する第1号被保険者もいます。実際、

積立方式

賦課方式とは異なり、将来の年金給付に必要な資金をあらかじめ保険料で積み立てておく方式のこと。
現役世代が徐々に減少していく少子高齢化の状況で、年金制度を維持していくためには積立方式への移行が必要という意見もある。

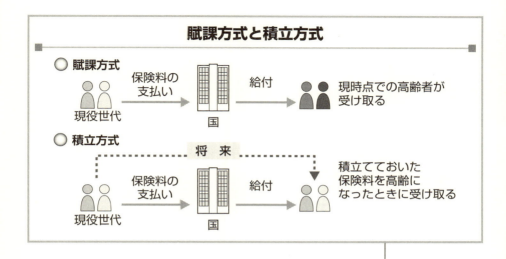

令和4年度の国民年金保険料の最終納付率は80.7％で改善はしているものの、5人に1人は支払っていない状況です。

また、企業の場合、年金保険料は企業側も半分を負担していますので、そのコストを嫌い、厚生年金保険料を故意に支払わないという悪質なケースもあります。自分が保険料を支払っていないことを従業員が知らなかったという大きな問題も顕在化しています。

・受給開始年齢の引上げを検討

少子高齢化によって、社会保険財源がひっ迫しています。今後、持続可能な年金制度を維持していくために、受給開始年齢の引上げも検討されています。現在、65歳から年金を受け取ることができますが、将来的には70歳や75歳から受け取ることになるということです。

これには、定年の見直しなど、労働環境の整備も必要となってきます。年金が受け取れるまでの間、収入を確保できる仕事が保障され、安心して働けなければなりません。受給開始年齢の引上げは、定年の延長義務の法整備等と並行して進めていく必要があるでしょう。

年金保険料の免除・納付猶予

収入が一定の基準以下であれば支払が減額・免除される

■ 家計が苦しいときのための年金保険料の免除制度

保険料が給料から天引きされる会社員（第2号被保険者）には保険料が払えないという事態は発生しません。これに対して自分で保険料を納付する国民年金の第1号被保険者については、生活が困難なために保険料を払えないという事態が生じます。そういうときには保険料免除制度が利用できます。免除には法定免除と申請免除があります。

法定免除とは自分から申し出なくても保険料が免除されることが法律で決まっている場合です。障害年金をもらっている人や生活保護を受けている人が該当します。

申請免除は所得が少なくて保険料の支払いが困難な人が申請して認められると保険料が免除されるという制度です。申請免除には、全額免除、4分の3免除、半額免除、4分の1免除の4種類があります。

■ 年金保険料の支払猶予制度がある

若者のための年金保険料の支払猶予制度として、学生納付特例制度があります。学生であっても、20歳以上であれば年金保険料の支払義務がありますが、普通の学生は収入がなく、毎月1万円以上保険料を支払うというのは困難であるケースが多いでしょう。このような場合に利用すべきなのが学生納付特例制度です。

支払猶予期間中の保険料を後から納付（追納）することも可能です。ただし、10年以内の期間に限られるので注意が必要です。

また、就職がうまくいかず正社員になれないなどの理由で、

法定免除
障害基礎年金をもらっている人や生活保護法に基づく生活扶助を受けている人などのための国民年金の免除制度。

申請免除
経済的な理由で保険料を納めることが困難な人のための国民年金の免除制度。

学生納付特例
経済的な理由などにより国民年金保険料の納付が困難な学生について、本人の前年所得が一定額以下の場合、申請により在学中の保険料の納付が猶予される制度。

失業等による特例免除
失業した場合も申請することで、保険料の納付免除・猶予を受けることができる場合がある。

所得免除の基準

免除の種類	所得免除基準額
全額免除、納付猶予	(扶養親族等の数+1)×35万円+32万円
4分の3免除	88万円+扶養親族等控除額+社会保険料控除額等
半額免除	128万円+扶養親族等控除額+社会保険料控除額等
4分の1免除	168万円+扶養親族等控除額+社会保険料控除額等
学生納付特例	128万円+扶養親族等の数×38万円+社会保険料控除等

年金保険料の免除制度

法定免除 障害基礎年金を受給している人や生活保護の生活扶助を受けている人などが、法律上当然に保険料免除となる

申請免除 所得が少なくて生活が困難な人などが、申請により保険料免除や猶予となる全額免除・半額免除・4分の3免除・4分の1免除・学生納付特例・納付猶予がある

	法定免除	申請免除					
	全額免除	全額免除	4分の3免除	半額免除	4分の1免除	学生納付特例	納付猶予
年金への反映(～H21.3)	6分の2	6分の2	6分の3	6分の4	6分の5	なし	なし
年金への反映(H21.4～)	8分の4	8分の4	8分の5	8分の6	8分の7	なし	なし
追納できる期間	10年以内							

※保険料を全額納付した場合を1として、免除があった期間は該当の割合で年金額に反映される。

将来もらえるかどうかもわからない年金についての年金保険料の支払など、平然と怠ってしまう可能性もあります。そこで、20歳から50歳未満の方で、本人と配偶者の前年所得が上図の所得基準以下の場合には、将来不利益を被らないようにするために、納付猶予制度という保険料の支払猶予制度が設けられています。保険料を納められるようになったら10年前までさかのぼって納付することができます。

申請免除・学生納付特例制度・納付猶予制度の申請先は、住所地の市区町村役場の、国民年金担当の窓口です。

保険料免除、猶予制度を利用するメリット

保険料免除、猶予の期間は、一定の額まで老齢年金を受け取れる、不慮の事故による障害や死亡といったことに対して、障害年金や遺族年金を受け取れるなどのメリットがある。

もらえる老齢基礎年金額の計算方法

PART7 4
年金制度のしくみ

老後にもらえる給付である

■ 加入期間は10年以上必要である

　老後に年金を受給するためには年金制度の加入期間が最低でも原則として10年以上なければなりません。10年を下回ると、老後になっても年金を1円も受給できないのです。
　加入期間には国民年金、厚生年金保険（共済組合加入期間も含む）の公的年金で保険料を納めた期間（保険料納付済期間といいます）がすべて含まれます。会社員の配偶者（第3号被保険者）は自分では納めていませんが、納めたものとして扱われます。
　また、保険料免除期間、合算対象期間もあわせてカウントします。
　合算対象期間とは、たとえば、昭和61年3月以前に、国民年金への加入が任意だった者（専業主婦など）で国民年金に加入しなかった期間です。受給資格期間をみるときにはこの期間も含めますが、実際の年金額計算には含めませんから、年金額にも反映されません。この期間を通称、カラ期間といいます。
　たとえば、保険料納付済期間が8年、合算対象期間が9年、未納期間が23年という人の場合、保険料納付済期間だけでは10年の受給資格要件を満たしていませんが、合算対象期間の9年間については受給資格期間としてカウントすることができるため、加入期間は17年間として計算され、年金をもらえることになります。

■ 老齢基礎年金の額を計算してみよう

　老齢基礎年金の年金額は、「何か月保険料を払ったか」で決

> **平成29年の法改正**
> これまで、老齢年金の最低加入期間は原則として25年であったが、平成29年の法改正で10年に短縮された。

老齢基礎年金の計算例

816,000円×(令和6年4月分以降、昭和31年4月2日以降生まれの人の場合) × { 保険料納付済期間 + 保険料全額免除期間 × 4/8 + 保険料4分の3免除期間 × 5/8 + 保険料半額免除期間 × 6/8 + 保険料4分の1免除期間 × 7/8 } ÷ 480か月（40年×12か月）

→ 昭16.4.1以前生まれの人には生年月日による経過措置がある

※1）学生特例納付は免除期間に含まれない
※2）平成21年4月以後の国庫負担割合の引上げにより、平成21年3月以前に免除を受けた期間については、計算式に使用する数字を、全額免除期間：2/6、4分の3免除期間：3/6、半額免除期間：4/6、4分の1免除期間：5/6、に変えて計算する

まります。20歳から60歳まで、40年間のすべての月の保険料を払った場合が満額で、1年につき81万6,000円（令和6年4月分から、昭和31年4月2日以降生まれの人の場合）がもらえます。ここで、20歳から60歳までの40年間の保険料の納付状況が、「保険料納付済期間：18年、未納期間：4年、全額免除期間：12年（平成21年3月以前）、半額免除期間：6年（平成21年3月以前）」という人（昭和31年4月2日以降生まれ）の老齢基礎年金の額を具体的に計算してみましょう。

　保険料納付済期間：18年×12か月＝216か月
　全額免除の期間：12年×12か月×2／6＝48か月
　半額免除の期間：6年×12か月×4／6＝48か月

　未納期間の4年は受給額に反映されませんので、合計312か月となります。したがって計算式にあてはめると、老齢基礎年金の受給額は、以下のようになります。

　81万6,000円×312／480＝53万400円

　計算にあたって100円未満の端数が生じた場合は、50円未満は切り捨て、50円以上は100円に切り上げという処理をします。

PART7 5 繰上げ支給・繰下げ支給

年金制度のしくみ

繰上げは減額、繰下げは増額され、支給額は一生変わらない

■ もらう時期を早くすることも遅くすることもできる

　国民年金部分で、年をとったことによってもらえる年金が老齢基礎年金です。支給は65歳からです。しかし、本人の希望によって60〜64歳の間に受給を始めたり、66〜75歳（昭和27年4月1日以前生まれの人は70歳まで）の間に受給を遅らせたりすることができます。早く受給を始めることを繰り上げ支給、受給を遅らせることを繰下げ支給といいます。早く受給を始めると受給金額は減額され、受給を遅らせると受給金額は増額されます。また、一度、繰上げ支給、繰下げ支給を受けると、変更はできません。

■ 繰上げ受給をするには

　繰上げ受給の支給率は、昭和16年4月1日以前に生まれた人とそうでない人とでは違います。これは、平均寿命が延びたこと等を理由に平成13年に支給率に関する法改正が行われたためです。

　法改正後の減額率（昭和16年4月2日以降生まれの人が対象）は、月単位で計算されます。1か月請求が早くなるごとに0.4%（令和4年4月から）の減額率が加算されるしくみになっています。

　一度、繰上げ受給をした場合、変更はできません。65歳になっても減額された受給額が続きます。さらに、繰上げ受給後に重い障害になっても障害基礎年金を受給できないというデメリットもあります。自営業の場合、夫が死亡しても妻は寡婦年

平均寿命
0（ゼロ）歳の人が平均して何年生きられるかという指標。0歳の人の平均余命のこと。ゼロ歳平均余命ともいう。

198

繰上げ支給のデメリット

繰上げ支給
- ①障害状態になったときに障害基礎年金がもらえない
- ②遺族年金の1種類である寡婦年金がもらえない
- ③国民年金の任意加入（216ページ）被保険者になれない

金をもらえないという不利な点もあります。

このように繰上げ受給をすると、さまざまな面でデメリットがありますので申請には注意が必要です。

■ 繰下げ受給をするには

繰下げ受給の増額率も、平成13年の法改正で昭和16年4月1日以前に生まれた人と同年4月2日以降に生まれた人とでは違います。

昭和16年4月1日以前に生まれた人の場合は、受給権が発生してから繰下げの申出をした日までの期間が1年を超え2年以内の期間で12％、その後1年ごとに一定の割合で増えていき、5年を超える期間では88％の増額率となります。

一方、昭和16年4月2日以降に生まれた人の場合は、月単位で増額率が加算されます。1か月請求が遅くなるごとに0.7％ずつ増額率が増えていきます。また、75歳以降の繰下げ支給は、75歳時点での増額率（84％）となります。つまり、77歳で繰下げ請求したとしても84％の増額となり、75歳までの分はさかのぼって支給されます。75歳以降の繰下げはあまりメリットがないといえそうです。

> **繰下げ受給年齢の拡大**
>
> 令和4年4月から、65歳から75歳までの間で繰下げ受給が可能となった。ただし、対象者は令和4年4月1日以降に70歳に到達する方（昭和27年4月2日以降生まれの人）に限られる。

PART7-6 老齢基礎年金の受給金額を増やす方法

年金制度のしくみ

未納分の追納や任意加入といった方法がある

■ 最低10年、満額40年

　老齢基礎年金を満額受け取るには、20歳から60歳までの加入期間中に毎月の保険料の支払いを一度も怠らない必要があります。

　しかし、生活の事情などで保険料を納めることができない人はたくさんいます。その時、納められなかったからといって、年金が減額されるのを甘受しなければならないというのは、酷な話でもあります。

　そこで、いろいろな事情で保険料を支払えなかった人のために次のような救済措置があります。

① 過去2年以内の保険料未納であれば未納部分を納付できる

　保険料の納付は国民の義務ですから、何の理由もないのに支払わなかった場合は、義務違反（＝法律違反）になります。しかし、時効期間内であれば、この義務を履行することができます。年金の保険料の納付に関する時効は2年です。2年以内の未納であれば、まとめて支払うことができるのです。

② 保険料納付の免除申請をする

　失業などの経済的な理由から保険料の納付ができない人が対象の救済策です。住んでいる市区町村に保険料支払いを免除してくれるように申請し、認められると、免除された期間は、滞納期間とされず、年金も一部を受け取ることができます。また、免除された保険料は、後から追納することもできます（免除から10年以内のものに限ります）。

③ 60歳から65歳までの任意加入をする （216ページ）

　未納期間があった場合、その期間分の保険料の支払いを国民

老齢基礎年金の受給額を増やす方法

受給要件は満たしているが過去に滞納分がある場合	過去に滞納があり、今のままでは受給資格期間が満たせない場合	老齢基礎年金に加えて金額を上乗せしたい場合

- **手段1** 直近2年分をさかのぼって納付
- **手段2** 60歳から65歳まで任意加入
  ※65歳になっても受給資格が得られない場合には、65歳から最長70歳まで特例任意加入できる

- **手段1** 付加年金
- **手段2** 国民年金基金
- **手段3** 確定拠出年金（個人型）

年金の加入期間終了となる60歳以降に延長してもらう制度です。

④ 付加年金保険料を納める

毎月支払う保険料にわずかのお金を追加して年金の手取り額を増やす制度です。月額400円を多く納めることによって、年間の年金受取額が200円×付加年金保険料を納付した月数だけ増えます。

■ 国民年金基金とはどんな制度なのか

国民年金基金は、国民年金の加入者にとって、厚生年金や共済年金の2階部分にあたる制度です。国民年金保険料にさらに2階部分の保険料を追加納付することによって、老齢基礎年金に加えてさらに多くの年金を受け取ることができます。

加入の条件は国民年金だけに加入している人（第1号被保険者）で、農業年金に加入して付加保険料を払っていないことなどを満たす必要があります。

付加年金
付加保険料（月額400円）の納付済期間のある者が老齢基礎年金の受給権を得たときに支給される年金。

確定拠出年金
将来、受け取る年金額が決まっているわけではなく、拠出した掛金とその運用収益の合計額によって年金額が決まる年金制度。国民年金や厚生年金加入者が年金額を増やすために加入する。

PART7 厚生年金保険

7
年金制度のしくみ

パートやアルバイトの加入については条件がある

■ 厚生年金の保険料

　厚生年金は一定の条件を満たす被保険者やその遺族に対し、生活費となる現金を給付する制度です。厚生年金は国民年金に加算して支給されますので、国民年金にしか加入していない自営業者などよりも手厚い保障を受けられることになります。厚生年金の受給資格があるか、受給金額がいくらになるかは、被保険者の加入期間と掛けていた保険料によって異なります。

　厚生年金の保険料は、毎月の給与や、賞与から天引きされます。天引きされた金額と同額の保険料を会社がさらに拠出し、両方の金額が厚生年金保険料として会社から国に納められます。

　厚生年金の保険料の決め方は、給与や賞与に国が決めた保険料率を掛けて算出します。保険料率は平成16年9月までは13.58％でした。したがって、従業員本人と会社が6.79％ずつ負担していたわけです。しかし、年金保険の財政がひっ迫したため、平成16年10月からは13.934％となり、その後も、国民年金保険料の値上げに合わせて保険料率は毎年0.354％ずつ平成29年（2017年）の18.3％まで引き上げられ、以降は固定されています。

■ 厚生年金の種類

　厚生年金の給付は大きく以下の3つに分類することができます。

① **老齢厚生年金**

　老齢厚生年金は高齢となった場合に支給される厚生年金です。

　もともと厚生年金保険は60歳（女性は55歳）から支給されていましたが、昭和61年に年金制度の改正が行われ、支給開始年

総報酬制

かつては、賞与からはわずかしか社会保険料が徴収されなかったが、平成15年4月以降、月給と同率の保険料が徴収されることになった。これを総報酬制という。

標準報酬月額

標準報酬月額は、国が決めた標準報酬月額表に実際の総支給額をあてはめて算出する。つまり、あくまでも仮の給与額であるが、この仮の給与額が厚生年金保険料を算出する際の給与報酬とみなされる。なお、標準報酬日額とは、標準報酬月額の30分の1の額のことである。

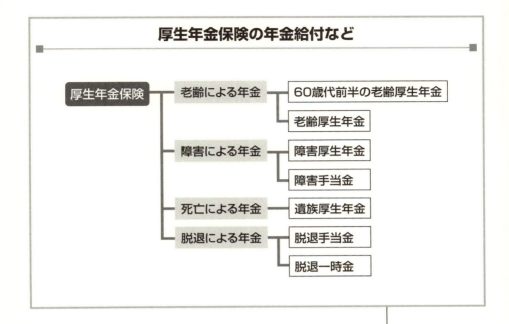

齢が国民年金の支給開始年齢である65歳に合わせて繰り下げられています。

ただ、一斉に65歳としてしまうのではなく、生年月日によって段階的に支給開始年齢を繰り下げるという措置がとられています。その結果、支給開始年齢が65歳となるのは、男性の場合は昭和36年4月2日以降生まれの人、女性の場合は昭和41年4月2日以降生まれの人、ということになっています。

② **障害厚生年金**

厚生年金に加入している被保険者が事故や病気に遭い、身体に障害が残った場合に行われる給付が障害厚生年金です。障害厚生年金は、国民年金法施行令に定められている障害状態の1〜3級に該当する場合に支給が行われます。

③ **遺族厚生年金**

厚生年金に加入している会社員が死亡した場合に、一定の遺族に支給されるのが遺族厚生年金です。

遺族厚生年金
厚生年金保険の被保険者または一定の要件を満たす被保険者であった者が死亡した場合に、一定の遺族に支給される年金。

PART7 8 もらえる老齢厚生年金の受給要件

年金制度のしくみ

給料が高かった人ほどたくさん老齢厚生年金をもらえる

■ 老齢厚生年金はどんな場合にもらえるのか

　会社員はほとんどの場合、厚生年金に加入することになるので、老後は老齢基礎年金に加えて老齢厚生年金を受給することができます。

① 65歳を境に2つに分かれる

　老齢厚生年金は、60歳から受給できる60歳台前半の老齢厚生年金と65歳から受給する本来の老齢厚生年金の2つに分けて考える必要があります。

　60歳台前半の老齢厚生年金は、「定額部分」と「報酬比例部分」とに分かれています。定額部分は老齢基礎年金、報酬比例部分は老齢厚生年金にあたります。65歳になると、定額部分は老齢基礎年金、報酬比例部分は老齢厚生年金に変わります。

② 受給要件

　老齢基礎年金の受給資格期間（10年間）を満たした人で、厚生年金の加入期間が1か月以上ある人は1階部分の老齢基礎年金とあわせて、本来の老齢厚生年金をもらうことができます。

　一方、60歳台前半の老齢厚生年金を受給するためには厚生年金の加入期間が1年以上あることが必要です。

③ 支給額

　65歳からもらえる本来の老齢厚生年金の支給額は老齢基礎年金と異なり、納めた保険料の額で決まります。つまり、現役時代に給料が高かった人ほどたくさん老齢厚生年金をもらえるしくみになっています。一方、60歳台前半でもらう老齢厚生年金については、65歳からの老齢基礎年金に相当する部分（定額部

60歳台前半の老齢厚生年金

特別支給の老齢厚生年金と呼ばれることもある。

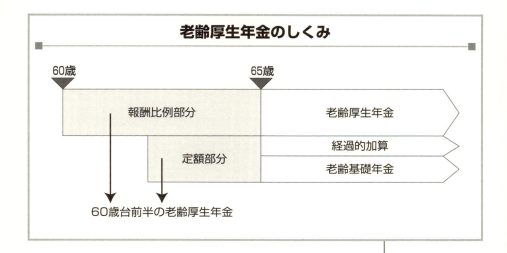

分）については、納付月数に応じて、65歳からの老齢厚生年金に相当する部分（報酬比例部分）については、現役時代の報酬を基に支給額が決められることになります。

■ 経過的加算とは何か

　60歳台前半の老齢厚生年金は、「定額部分」と「報酬比例部分」に分けられ、65歳になると、定額部分は老齢基礎年金、報酬比例部分は老齢厚生年金と名称が変わりますが、実際のところ、単に名称が変わるだけではありません。定額部分と老齢基礎年金とでは、計算方法の違いから金額が変わってしまうのです。具体的には、老齢基礎年金は定額部分よりも金額が少なくなります。したがって、このままでは、60歳から「特別に支給されている年金」を受け取り、その後、65歳まで年金に加入していなかった人の場合、65歳以降に年金の手取り額が減ることになってしまいます。

　そこで、導入されたのが、経過的加算です。老齢基礎年金に経過的加算分の年金を加えて支給することで、年金の手取りを今までと同じにするのです。

老齢厚生年金の支給時期

上図の60歳台前半でもらえる老齢厚生年金の支給時期は、定額部分→報酬比例部分の順で引き上げられている。詳細については208ページ参照。

もらえる老齢厚生年金額の計算方法

PART7 9
年金制度のしくみ

定額部分と報酬比例部分を分けて金額を計算する

■ もらえる特別支給の老齢厚生年金の金額

60歳から65際までの間に支給される特別支給の老齢厚生年金については定額部分と、報酬比例部分を分けて金額を計算します。

① 定額部分

実際に支給される定額部分の金額は以下の計算式で求めます。

定額部分の金額＝1,701円×改定率×被保険者期間の月数
（昭和31年4月2日以後生まれの人）

定額部分の金額
昭和31年4月1日以前生まれの人については、1,696円×改定率×被保険者期間の月数で計算される。

老齢基礎年金と同様に、加入月数が多いほど受給金額が多くなるしくみとなっており、現役時代の収入の多寡は影響しません。昭和21年4月1日以前生まれの者に対しては、計算式の1,701円に1.875～1.032の給付乗率を掛けます。これは、法改正時の単価を調整するためです。また、改定率で、毎年の手取り賃金変動率や物価変動率を反映させています。

② 報酬比例部分

報酬比例部分の算出方法をもっともシンプルに表すと以下のようになります。

報酬比例部分の金額＝標準報酬月額×加入月数×乗率

標準報酬月額（右記の式で用いる標準報酬月額）
平成15年3月以前の加入期間については、各月の標準報酬月額の総額を対応する加入期間で割って計算した平均標準報酬月額を使用する。平成15年4月以降の加入期間については、各月の標準報酬月額と標準賞与額の総額を対応する加入期間で割って計算した平均標準報酬額を使用する。

標準報酬月額とは、現役時代の給与を一定の金額ごとに区分けしてあてはめた金額です。このように、報酬比例部分は、現役時代の給料が多いほど金額が増えるしくみとなっています。

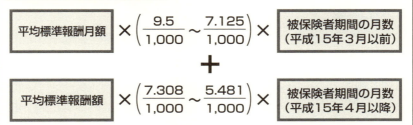

※ただし、従前額保障により、平成12年改正前の計算式で計算した方が金額が高額になるときには、その金額が報酬比例部分の金額となる。
平均標準報酬月額に乗じる乗率は生年月日によって異なり、昭和21年4月2日以降に生まれた人については、1000分の7.125(〜H15.3)、1000分の5.481(H15.4〜)となる。

ただ、実際のところ、報酬比例部分の計算は上の数式のように単純ではなく、非常に複雑です。その理由としては、平成15年4月から導入された総報酬制（賞与にも月給と同じ保険料率が課せられる制度）により、保険料を徴収するベースが増えるため、平成15年4月を基準に異なる乗率を用いる点や、年金制度の改正のためにもらえる年金が減額されないように、以前の年金額を使ってよいというしくみが導入されている点が挙げられます（従前額保障）。

■ 老齢厚生年金の受給額

65歳からの本来の厚生年金の受給額は前述の特別支給の老齢厚生年金報酬比例部分の計算式と同様です。また、60歳代前半の老齢厚生年金の定額部分と65歳からの老齢基礎年金との差（経過的加算、205ページ）がある場合は、老齢厚生年金に加算して支給されます。

従前額保障
平成12年改正で年金額を計算するにあたっての乗率が引き下げられたが、新しい乗率を考慮すると年金額が下がることがある。その場合には、平成12年改正を考慮しない従前の金額で計算してよいとされている。これを従前額保障という。

老齢厚生年金の支給開始時期

PART7 10
年金制度のしくみ

将来は完全に65歳からの支給になる

■ 支給時期は今後65歳になる

　もともと厚生年金保険は60歳（女性は55歳）から支給されていましたが、昭和61年の改正で、すべての年金の支給開始年齢を国民年金の支給開始年齢である65歳に合わせることにしました。

　ただ、いきなり65歳にしてしまうのではなく、生年月日によって若くなるほど段階的に支給開始年齢を遅くしていきます。最終的には令和8年（女性は令和13年）に厚生年金保険、国民年金ともに65歳からの支給となる予定です。この段階的に遅くなっていく、65歳前に支給される厚生年金のことを特別支給の老齢厚生年金といいます。

　特別支給の老齢厚生年金は原則として報酬額に関係のない定額部分と、報酬額によって受給額が変わってくる報酬比例部分という2つの部分で成り立っています。まず、定額部分の支給を段階的に遅らせて、それが完了すると今度は報酬比例部分の支給を段階的に遅らせていきます。

　なお、女性は男性より5年遅れのスケジュールとなっています。これは、以前女性の年金が男性より5年早い55歳から支給されはじめていたことに配慮したものです。

　また、厚生年金保険の障害等級3級以上に該当する者や、44年以上の長期にわたって厚生年金保険に加入している者は、特例として、60歳から64歳までの間に「報酬比例部分」のみを受給できる場合には、「定額部分」も合わせてもらえることになっています。

特別支給の老齢厚生年金の受給資格

①老齢基礎年金を受けるために必要な資格期間（10年）を満たしている。
②厚生年金保険の加入期間が1年以上ある。
③受給開始年齢に達している。

年金の支給開始時期

定額部分の支給開始時期引き上げスタート

男性	女性	60歳〜65歳
昭和16.4.1以前生まれ	昭和21.4.1以前生まれ	60歳〜65歳：報酬比例部分／定額部分　65歳〜：老齢厚生年金／老齢基礎年金
昭和16.4.2〜昭和18.4.1生まれ	昭和21.4.2〜昭和23.4.1生まれ	60歳〜65歳：報酬比例部分、61歳〜定額部分　65歳〜：老齢厚生年金／老齢基礎年金
昭和18.4.2〜昭和20.4.1生まれ	昭和23.4.2〜昭和25.4.1生まれ	60歳〜65歳：報酬比例部分、62歳〜定額部分　65歳〜：老齢厚生年金／老齢基礎年金
昭和20.4.2〜昭和22.4.1生まれ	昭和25.4.2〜昭和27.4.1生まれ	60歳〜65歳：報酬比例部分、63歳〜定額部分　65歳〜：老齢厚生年金／老齢基礎年金
昭和22.4.2〜昭和24.4.1生まれ	昭和27.4.2〜昭和29.4.1生まれ	60歳〜65歳：報酬比例部分、64歳〜定額部分　65歳〜：老齢厚生年金／老齢基礎年金
昭和24.4.2〜昭和28.4.1生まれ	昭和29.4.2〜昭和33.4.1生まれ	60歳〜65歳：報酬比例部分　65歳〜：老齢厚生年金／老齢基礎年金

報酬比例部分の支給開始時期引き上げスタート

男性	女性	61歳〜65歳
昭和28.4.2〜昭和30.4.1生まれ	昭和33.4.2〜昭和35.4.1生まれ	61歳〜65歳：報酬比例部分　65歳〜：老齢厚生年金／老齢基礎年金
昭和30.4.2〜昭和32.4.1生まれ	昭和35.4.2〜昭和37.4.1生まれ	62歳〜65歳：報酬比例部分　65歳〜：老齢厚生年金／老齢基礎年金
昭和32.4.2〜昭和34.4.1生まれ	昭和37.4.2〜昭和39.4.1生まれ	63歳〜65歳：報酬比例部分　65歳〜：老齢厚生年金／老齢基礎年金
昭和34.4.2〜昭和36.4.1生まれ	昭和39.4.2〜昭和41.4.1生まれ	64歳〜65歳：報酬比例部分　65歳〜：老齢厚生年金／老齢基礎年金
昭和36.4.2以降生まれ	昭和41.4.2以降生まれ	65歳〜：老齢厚生年金／老齢基礎年金

加給年金と振替加算

配偶者が65歳になると振替加算に替わる

■ 厚生年金保険独自の給付である

　加給年金とは、厚生年金の受給者に配偶者（内縁関係も含む）や高校卒業前の子がいるときに支給されるものです。支給額も大きく、国民年金にはない厚生年金保険独自のメリットです。「子」とは、具体的には、18歳になった後最初の３月31日までにある者、または20歳未満で障害等級１級・２級に該当する者で、どちらも未婚の場合をいいます。

　ただ、加給年金は、配偶者が65歳になり配偶者自身の老齢基礎年金がもらえるようになると支給が打ち切られます。その後、加給年金は配偶者自身の老齢基礎年金に振替加算という年金給付に金額が変わり、加算されて支給されます（次ページ図）。

■ 加給年金の対象と支給要件はどうなっているか

　加給年金の支給対象者は、次の要件に該当する者です。

① 年金を受け取っている者（特別支給の老齢厚生年金の場合は、定額部分の支給があること）
② 厚生年金保険の加入期間が20年以上ある者
③ 一定の要件を満たす配偶者や子の生計を維持している者

　なお、②の加入期間20年以上というのは原則であり、これには特例があります。生年月日に応じて、男性で40歳（女性は35歳）を過ぎてからの厚生年金保険加入期間が15年〜19年あれば受給資格が得られます。

　③の「一定の要件を満たす配偶者」とは次の者です。
ⓐ 配偶者について、前年度の年収が850万円未満であること

内縁関係
婚姻の意思をもって共同生活し、社会的にも夫婦と認められているものの、戸籍上の届出を出していないため、法律上の正式な夫婦と認められない男女関係のこと。

加給年金額
配偶者は234,800円、子（１、２人目）は234,800円、子（３人目以降）は78,300円が支給される。いずれも令和６年度の金額。

子の加算の打ち切り
子がいる場合の加算分はその子が18歳になった後最初の３月31日（一定の障害者については20歳以上）になったときに打ち切られる。また、その子が結婚したときには年齢や障害状態に関係なく支給が打ち切られる。

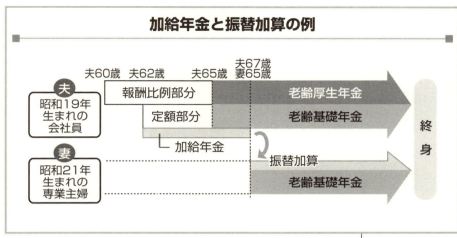

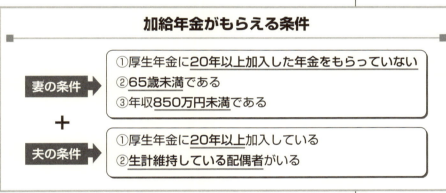

(ただし、現在の年収が850万円以上でも、所得額がおおむね5年以内に850万円未満になると認められる場合など、一定の場合には支給される)
ⓑ 配偶者がすでに老齢年金などを受給している場合は、その年金の加入期間が20年未満であること
ⓒ 65歳未満であること

ⓑの要件により、配偶者が長期在職（加入期間20年以上かそれと同等とみなされるもの）、または障害を給付事由とする年金を受給している場合は、支給が停止されます。

特別加算

老齢厚生年金または特別支給の老齢厚生年金を受けている者が昭和9年4月2日以降生まれの場合は、生年月日に応じて配偶者の加給年金額に特別加算がある。

PART7 12 老齢厚生年金の受給額の調整①

年金制度のしくみ

給与収入がある場合、年金額が減額されることもある

■ 高齢者が働いている場合

　老齢厚生年金は、もらい過ぎにならないように、他の給付との間で受給額を調整するしくみが整えられています。年金受給者がまだ会社などで働いていて給与を得ている場合など、年金受給者に収入がある場合、その人の給与収入に応じて減額されます。これを在職老齢年金といいます。今まで在職老齢年金は、「60歳から64歳まで」と、「65歳以降」とで計算式が異なっていましたが、令和4年4月から「60歳から64歳まで」の人の計算式が「65歳以降」の人の計算式と同じになったことにより、60歳以上の人はすべて統一した計算式になりました。具体的には、年金の基本月額と給与の総報酬月額の合計額が50万円（令和6年度の額）以下の場合は受給する年金が減額されないしくみとなりました。

　なお、収入の少ない妻や子がいる場合に、老齢厚生年金に付加して支給される加給年金（210ページ）の金額は働いていても減額されません。ただし、在職老齢年金の調整により年金額がゼロになる場合は、加給年金も支給されません。

　在職老齢年金による老齢厚生年金の減額を避けたい場合には、厚生年金の被保険者にならないように、厚生年金の適用されない事業所で働く、社会保険の適用拡大の要件に当てはまらない短時間労働者になる、個人事業主になる、といった形態で働くのがよいでしょう。

■ 基本月額と総報酬月額相当額の関係で決まる

　60歳以上の在職老齢厚生年金のしくみは、基本月額と総報酬月

加給年金の停止

基本月額が一部でも支給されるときは、加給年金が全額支給されるが、基本月額が全額停止されるときは、加給年金も全額停止されることになる。

60歳以上の在職老齢年金のしくみ

年金の基本月額 と 給与の総報酬月額の合計額
50万円を

越える　年金の支給停止額
　　　　（総報酬月額相当額＋基本月額－50万円）×1/2
　　　　50万円を超えた部分の半額が停止される

越えない　年金の支給停止額　　0円　　全額支給される

額相当額の合計額が50万円を超えているかを基にして判断します。

　基本月額とは、受給している老齢厚生年金額（加給年金を除く）を12で割って月額換算した額のことです。

　総報酬月額相当額とは、その月の標準報酬月額と、その月以前1年間の標準賞与額の合計額を12で割った額のことです。

　年金受給者が給与収入を得ていても、総報酬月額相当額と基本月額の合計額が50万円に達するまでは年金の全額が支給されます。

　総報酬月額相当額と基本月額の合計額が50万円を上回る場合は、50万円を上回る部分の半額が停止されます。

　厚生年金の被保険者は原則として70歳未満の者ですが、70歳を過ぎても厚生年金が適用される事業所に雇用され、健康保険の被保険者となっている場合には同様のしくみで年金額が調整されます。

　なお、在職老齢年金については給与収入がある場合に支給が停止されるのは老齢厚生年金だけであり、老齢基礎年金の方は全額が支給されます。

在職老齢年金の見直し

給与収入の額が多くなることで、年金の受給額が減ってしまうことを避けるために、高齢者の就業が抑制されていることを踏まえて、在職老齢年金の見直しが検討されている。
見直し案としては、在職老齢年金制度自体を廃止する案と、年金が支給停止になる基準の額を、現在の50万円から62万円、または71万円まで引き上げる案とで調整が行われている。

老齢厚生年金の受給額の調整②

PART7 13
年金制度のしくみ

基本手当と65歳未満の人の年金を両方同時に受給することはできない

■ 雇用保険の基本手当を受給する場合

　老齢厚生年金の受給権は、早ければ60歳で発生しますが、60歳を過ぎても働く意思がある場合、年金とともに、雇用保険の基本手当を受給する人がいます。ただし、働かないことを前提としている年金と、働くことを前提としている雇用保険の手当を両方受給するというのは制度の意味合いにそぐわないため、両方受給できる者については、どちらか一方しか受給することができないしくみとなっています。

　具体的には、雇用保険の基本手当をもらっている人で、65歳未満の年金受給者は老齢厚生年金がストップするというしくみになっています。ただし、雇用保険の基本手当が1日でも支給された月について全額老齢厚生年金の支給を停止するとなると、逆に止めすぎという事態も生じ得ます。そのため、過度に停止した分については後日支給してもらえるようになっています。

■ 雇用保険の高年齢雇用継続給付を受給する場合

　60歳で定年年齢を迎え、継続雇用制度により再雇用される場合には、賃金の見直しが行われるのが一般的です（再雇用制度にかかわらず60歳以降を境に賃金の減額がある場合も含みます）。見直し後の賃金額が、これまでの賃金額の75％未満に低下した場合には、雇用保険から高年齢雇用継続給付が支給されます。高年齢雇用継続給付には、高年齢雇用継続基本給付金と高年齢再就職給付金があります。これらの給付金と、65歳未満の特別支給の老齢厚生年金は調整が行われ、年金が減額されます。

加給年金額の停止
60歳代前半の在職老齢年金と同様、基本月額が一部でも支給されるときは、加給年金が全額支給されるが、基本月額が全額停止されるときは、加給年金も全額停止されることになる。

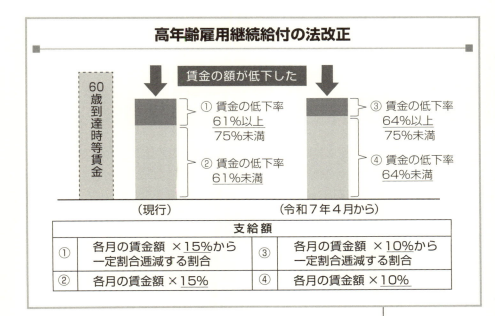

　また、雇用されている場合は、在職老齢年金のしくみも適用されます。まず、在職老齢年金のしくみで減額する年金額を決め、その減額された年金額についてさらに高年齢雇用継続給付と調整します。

■ 高年齢雇用継続給付の受給による年金の支給停止額
　65歳未満の特別支給の老齢厚生年金受給者が高年齢雇用継続給付金を受給している場合、最高で標準報酬月額の6％に相当する額の年金が支給停止されます。標準報酬月額を20万円とした場合、6％支給停止されると年金額が1万2,000円減額されることになります。
　なお、令和7年4月以降の高年齢雇用継続給付金支給基準の見直しにより、上記最高6％とされている年金支給停止割合は、最高4％の年金支給停止割合に改正されます（高年齢雇用継続給付の改正内容は上図参照）。

PART 7　年金制度のしくみ　215

PART7 14

年金制度のしくみ

60歳を過ぎても年金に加入できる制度

任意加入制度や高齢任意加入制度を利用する

■ 加入期間が足りない人は期間を補うことができる

老齢基礎年金は最低でも10年加入して保険料を納付するか免除等の手続をしないと、年金を1円も受け取れないしくみになっています（196ページ）。国民年金の強制加入者ではなくなる60歳になってから、初めて年金を受給できないことを知る人もいます。

ただ、保険料を納付した期間、免除してもらった期間、カラ期間（受給資格期間としてはカウントするが、年金額には反映されない期間のこと）をあわせても10年にならない場合でも、まだ年金を受給できないことが確定したわけでありません。

60歳以降、年金をもらう資格ができるまで国民年金に加入できる制度があるからです。20歳から60歳までは国民年金は強制加入ですが、60歳以降は自分から申し出て、引き続き国民年金に加入するため、この制度のことを任意加入制度といいます。任意加入制度には次の2種類があります。

① 任意加入

年金をもらうための資格期間が足りない人、または最低資格期間の10年は満たしたが、年金額をもっと増やしたいという60歳以上65歳未満の人が加入できます。たとえば、60歳までに36年分の加入期間しかない人は、60歳になって以降4年間任意加入することで、年金額を40年間の満額にすることができます。

② 特例任意加入

年金をもらうための資格期間が足りない人だけが加入でき、年金をもらう資格ができるとそこで終わりになる制度です。65

任意加入するための要件

任意加入することができる者は以下の要件を満たす者である。
・国内に住所を有する60歳以上65歳未満の者
・老齢基礎年金の繰上げ支給を受けていない者
・20歳から60歳までの年金保険料の納付月数が480月未満の者
・厚生年金保険、共済組合等に加入していない者

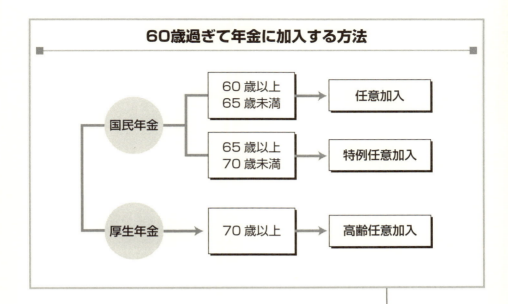

歳以上70歳未満の人が対象です。昭和40年4月1日以前に生まれた65歳以上70歳未満の人で、日本国内に住所がある人や日本国内に住所はないが、日本国籍をもつ人が加入できます。

■ 70歳を過ぎて厚生年金に加入することができる

　自営業者ではなく、会社員であれば厚生年金保険の加入者になります。厚生年金の場合、国民年金とは異なり、70歳まで強制加入することになります。

　ただ、70歳になっても10年の加入期間という要件を満たしていない場合には、70歳後も引き続き厚生年金に加入できる「高齢任意加入」という制度を利用することができます。事業主がこれまでどおり保険料を半額負担することに同意してくれた場合には保険料の半額を負担すればよいのですが、事業主が同意しなかった場合には高齢任意加入制度を利用する高齢者が保険料を全額自己負担しなければなりません。

PART7 15 老齢年金をもらうための手続き

年金制度のしくみ

裁定請求という手続きを行う

■ 老齢年金受給の請求

年金は受給要件がそろっても請求手続きをしなければ、いつまでたってももらうことはできません。年金の請求手続きのことを裁定請求といいます。所定の書類に記入するだけでなく、いくつもの添付書類もあります。事前に何が必要かを確認しておき、スムーズに手続きが進められるようにしたいものです。

請求時の必要書類
日本年金機構にマイナンバーを登録している人については、戸籍謄本等の添付は不要となっている。

■ 請求時に提出するもの

請求手続きに必要な裁定請求書は、通常、受給年齢の3か月前に日本年金機構から送られてきます。添付書類のうち、戸籍謄本や住民票は受給権が発生した日以降に取得したものが必要です。法律上は、誕生日の前日にその年齢に到達したとみなされるため、受給権の発生した誕生日の前日以降に戸籍謄本などをとるようにしましょう。

その他の添付書類として、年金の受取を希望する金融機関の通帳やキャッシュカードを用意しておきます。ケースによっては他にも必要となるものがあります。

年金が支給される月
年金は、2月、4月、6月、8月、10月および12月に、年金受給者が指定した銀行口座に振り込まれるか、または指定したゆうちょ銀行に送金される。

■ 年金請求の時効は5年

注意が必要なことは、年金を受ける権利にも時効があることです。権利が発生してから5年が経過すると時効によって消滅してしまいますので、忘れず請求を行うことが必要です。

年金受給の流れ

- **事前準備**
  - 年金の加入歴、年金見込額を調べておく
  - 裁定請求書を入手する
    （年金事務所、市区町村役場など）
  - 添付書類の確認、取り寄せ
    > ただし、戸籍謄本などは誕生日前日以降取得する

- **年金の裁定請求をする**
  - 裁定請求書と添付書類を年金事務所等へ提出する

- **年金証書・裁定通知書が送付される**

- **年金が支給される**
  - 指定した金融機関の口座に振り込まれる
    以後は、偶数月の15日に、前2か月分が入金される

- **毎年の誕生日**
  - 毎年誕生月に、自身の年金記録を記載した
    「ねんきん定期便」が送付される

- **毎年6月頃**
  - 年金振込通知書が送付される

- **毎年9月から11月頃**
  - 「公的年金等の受給者の扶養親族等申告書」が送付される

- **65歳になるとき**
  - 「国民年金・厚生年金保険老齢給付裁定請求書」というハガキが送付される
    > 65歳前から厚生年金を受給中の場合に送付される

老齢年金の受給手続きを行う請求手続き先

	年金加入状況	請求先
厚生年金	最後の加入制度が厚生年金	会社を管轄する年金事務所
	最後の加入制度が国民年金	住所地を管轄する年金事務所
国民年金	国民年金第3号被保険者期間のみ	住所地を管轄する年金事務所
	国民年金第1号被保険者期間のみ	市区町村役場

PART7 16 障害給付とは

年金制度のしくみ

3つの要件をすべて満たす必要がある

障害給付
障害年金と障害手当金をまとめて障害給付という。

■ 障害が残ったときに年金を受け取れる

　障害年金は、病気やケガで障害を負った人に対して給付される年金です。老齢年金と違い、若くても受給できます。国民年金の加入者が障害を負った場合の給付を障害基礎年金といい、厚生年金加入者の場合は、障害厚生年金といいます。厚生年金加入者の場合、老齢給付と同じく、2階建てになっており、障害基礎年金と障害厚生年金の両方をもらえるのが原則です。

　ただ、障害年金には、老齢年金より給付の条件が緩い面があります。障害の度合いによって、2階部分、つまり障害厚生年金だけを受け取るというケースがあるのです。具体的には、障害基礎年金は、障害が最も重い障害等級1級か、次に重い2級でないと支給されないのに対し、障害厚生年金には1級と2級の他、3級と障害手当金（226ページ）があります（障害手当金は一時金であるため、年金と総称して、「障害給付」と呼ばれることもあります）。結局、障害等級1級または2級に該当する人には、障害基礎年金が支給され、さらに、その人が厚生年金保険にも加入していた場合は、障害厚生年金が上乗せして支給されることになります。

　逆に、障害等級1級、2級に該当せず、障害基礎年金を受給できない人も、3級の障害厚生年金や障害手当金を受給できることがあります。この点が、1階部分である基礎年金が受給できなければ上乗せ部分である厚生年金も受け取れない老齢年金との違いといえるでしょう。

　なお、障害基礎年金と障害厚生年金の障害等級（1級または

障害の程度

重い障害 （1級障害）	やや重い障害 （2級障害）	やや軽い障害 （3級障害）	軽い障害 （一時金）
他人の介助を受けなければ、ほとんど自分のことをすることができない程度	日常生活が著しい制限を受けるか、日常生活に著しい制限を加えることを必要とする程度	労働が著しい制限を受けるか、労働に著しい制限を加えることを必要とする程度	傷病が治ったものであって、労働が制限を受けるか、労働に制限を加えることを必要とする程度
1級障害基礎年金 1級障害厚生年金	2級障害基礎年金 2級障害厚生年金	3級障害厚生年金	障害手当金

2級）は必ず一致することになります。

■ 障害年金をもらうための要件

障害基礎年金は、次の3つの要件をすべて満たしている場合に支給されます。

① **病気やケガで診察を最初に受けた日（初診日）に**
・国民年金に加入している
　または、
・20歳前もしくは過去に国民年金の加入者であった60歳から65歳の人で、日本国内に在住している

② **初診日から1年6か月を経過した日または治癒した日（障害認定日）に障害等級が1級または2級に該当する**

治癒した日とは、症状が固定し、治療の効果が期待できない状態となった日をいいます。

③ **初診日の前日に以下の保険料納付要件を満たしている**
・初診日の月の前々月までに国民年金の加入者であったときは、全加入期間のうち、原則、保険料の納付期間と免除期間が3分の2以上を占める

---

③の特例
初診日が令和8年4月1日前にあり、かつ初診日において65歳未満であった場合、「初診日のある月の前々月までの1年間に保険料の未納がないこと」で納付要件を満たしたことになる。

保険料納付済期間
国民年金の保険料を支払った期間のこと。

保険料免除期間
経済的な理由などで国民年金第1号被保険者としての保険料が支払えず、保険料の支払いを免除または猶予された期間のこと。

障害年金の受給要件

PART7 17 年金制度のしくみ

障害認定日に障害等級に該当することが必要

■ 初診日に年金に加入していること

　障害年金を受け取れるかどうかの基準を見ると、「初診日」が重要であることがわかります。前項目で述べた3つの条件のすべてに初診日という言葉があるからです。たとえば、初診日に厚生年金に入っていたか、国民年金に入っていたかで、2階部分を受け取れるか受け取れないかが決まるわけですから、転職、独立といった場合には注意が必要です。

■ 1年6か月経過時に障害等級に該当していること

　障害年金を受け取るには、障害等級が1級、2級、もしくは3級（障害厚生年金のみ支給）と認定されなければなりません。認定には、等級を認定する基準と、その等級をいつの時点で認定するかというルールを決めておく必要があります。

　等級を認定する基準には、政令で定められた「障害等級表」と「障害認定基準」という客観指標があります（障害等級表の等級は、障害のある者が持っている障害者手帳に記載されている等級とは別個のものです）。いつの時点で認定するかという点については、原則病気やケガが治癒または初診日から1年6か月経過したときと定められています。これを「障害認定日」といいます。

　注意したいのは、病気やケガが「治癒した」とは、一般的なイメージで言う「治る」ということとは違い、障害の原因になる病気やケガの治療行為が終わることです。たとえば、交通事故で足を切断した人の場合、治療が終わっても足は元に戻りま

治癒
傷病の状態が安定（固定）して、これ以上治療の効果が期待できない状態のこと。

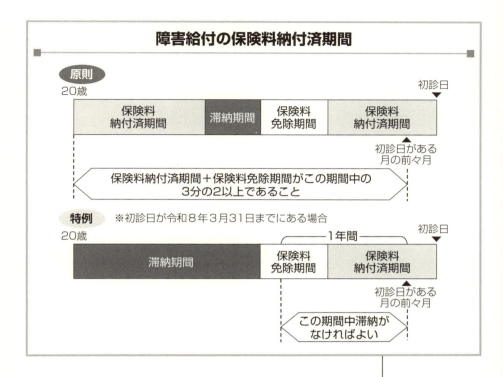

せん。ですから、「完治した」とはいえませんが、治療行為自体は終わっているので、「治癒した」と判断されるのです。

■ 保険料をきちんと納付していること

　障害年金も、老齢年金と同じく、保険料をきちんと納めている人しかもらえません。病気やケガで診察を受けて、障害が残りそうだということであわてて滞納分を払いに行っても、給付対象になりません。したがって、日頃から保険料はしっかりと払うようにしなければなりません。

　ただし、221ページで述べた保険料納付要件の特例として、初診日が令和8年3月31日以前の場合、初診日に65歳未満であり、初診日がある月の前々月までの直近1年間に保険料の滞納がなければ受給できることになっています。

PART7 18 障害年金の受給額

年金制度のしくみ

等級に応じて一律の受給額で、家族の加算もある

障害基礎年金の額
昭和31年4月1日以前生まれの人は、1級が101万7,125円、2級が81万3,700円となる。

障害等級の例
障害等級1級
・両上肢の機能に著しい障害を有するもの
・両下肢の機能に著しい障害を有するもの
・両耳の聴力レベルが100デシベル以上のもの

障害等級2級
・1上肢の機能に著しい障害を有するもの
・1下肢の機能に著しい障害を有するもの
・両耳の聴力レベルが90デシベル以上のもの

■ 障害基礎年金1級は2級の1.25倍もらえる

　障害基礎年金は、加入期間の長短に関係なく障害の等級によって定額になっています。支給額は、令和6年度は、昭和31年4月2日以降生まれの人で1級が102万円（2級の125％にあたる）、2級が81万6,000円（老齢基礎年金の満額と同額）です。それに18歳到達年度の末日（3月31日）を経過していない子（または一定の障害をもつ20歳未満の子）がいる場合は、子1人につき23万4,800円（3人目からは7万8,300円）が加算されます。いずれの場合も、障害状態が続く限りは、障害認定日から一生支給されます。

　障害厚生年金は、1級障害の場合は老齢厚生年金の1.25倍、2級障害の場合は老齢厚生年金と同一の金額が支給されます。障害厚生年金の支給額は、その人の障害の程度や収入に応じて異なった金額となります。障害厚生年金の額を計算する場合、平成15年4月以降の期間とそれより前の期間とで、計算方法が異なります（次ページ）。

　厚生年金保険への加入期間の長さも関係します（現役会社員で加入期間が300か月に満たない場合は、300か月の加入期間があったものとみなして支給額が算出されます）。

　また、障害基礎年金には生計を維持している子どもがいる場合、障害厚生年金には生計を維持している配偶者がいる場合、加算があります。老齢厚生年金の加給年金（210ページ）に似た制度と考えておけばよいでしょう。

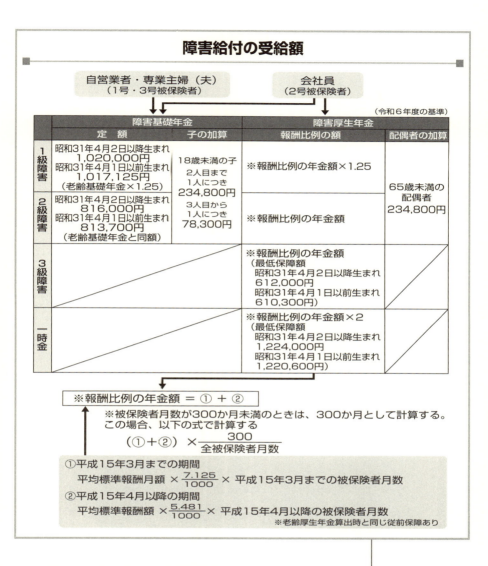

■ 障害の程度が変わると減額・増額される

　障害年金を受け取っている最中に障害の程度が変わった場合には、年金額は改定されます。障害等級が重くなれば、その等級に基づいて給付額が増えますし、軽くなれば、減額になります。また、障害等級に該当しなくなれば、年金は支給されなくなります。

障害手当金の受給要件と受給額

PART7 19
年金制度のしくみ

障害等級3級より軽い障害がある場合に支給される

■ 障害手当金は後遺症が残った者に支給される

　障害手当金は、病気やケガで初めて医師の診療を受けた日（初診日）において被保険者であった者が、その初診日から起算して5年を経過する日までの間にその病気やケガが治った日に、一定の障害の状態に該当した場合に支給されます。ただし、障害手当金を受給してしまうと、その後に障害の程度が悪化しても同一の疾患について障害給付を受給できなくなる場合もあります。そのため、障害手当金の受給は慎重に行うことが必要です。

　障害手当金は、初診日の前日において、初診日の属する月の前々月までに被保険者期間があり、その被保険者期間のうち、保険料納付済期間と保険料免除期間をあわせた期間が被保険者期間の3分の2未満である場合は支給されません。

　ただし、令和8年4月1日より前に初診日のある障害については、この納付要件を満たさなくても、初診日において65歳未満であり、初診日の属する月の前々月までの1年間のうちに保険料の未納がない場合には、障害手当金が支給されます。

　障害手当金の支給額は、障害厚生年金3級の支給額の2倍相当額になります（昭和31年4月2日以降生まれの人の最低保障額122万4,000円、令和6年度価格）。障害手当金の額には物価スライドは適用されませんが、本来の2級の障害基礎年金の額の4分の3に2を乗じて得た額に満たないときは、最低保障額を見直します。

■ 障害手当金が支給されない者もいる

　障害を定める日において、次の年金の受給権者に該当する者

最低保障額
昭和31年4月1日以前生まれの人の最低保証額は、122万600円である。

スライド制
賃金や生活水準（物価）の変動に合わせて給付の額を調整する制度。

障害手当金の対象となる障害

- 両眼の視力がそれぞれ0.6以下に減じたもの
- 1眼の視力が0.1以下に減じたもの
- 両眼のまぶたに著しい欠損を残すもの
- 両眼による視野が2分の1以上欠損したもの、ゴールドマン型視野計による測定の結果、両眼中心視野角度が56度以下に減じたもの、または自動視野計による測定の結果、両眼開放視認点数が100点以下、もしくは両眼中心視野視認点数が40点以下に減じたもの
- 両眼の調節機能および輻輳機能に著しい障害を残すもの
- 1耳の聴力が、耳殻に接しなければ大声による話を理解することができない程度に減じたもの
- そしゃくまたは言語の機能に障害を残すもの
- 鼻を欠損し、その機能に著しい障害を残すもの
- 脊柱の機能に障害を残すもの
- 1上肢の3大関節のうち、1関節に著しい機能障害を残すもの
- 1下肢の3大関節のうち、1関節に著しい機能障害を残すもの
- 1下肢を3cm以上短縮したもの
- 長管状骨に著しい転位変形を残すもの
- 1上肢の2指以上を失ったもの
- 1上肢のひとさし指を失ったもの
- 1上肢の3指以上の用を廃したもの
- ひとさし指を併せ1上肢の2指の用を廃したもの
- 1上肢のおや指の用を廃したもの
- 1下肢の第1趾または他の4趾以上を失ったもの
- 1下肢の5趾の用を廃したもの
- 前各号に掲げるものの他、身体の機能に、労働が制限を受けるか、または労働に制限を加えることを必要とする程度の障害を残すもの
- 精神または神経系統に、労働が制限を受けるか、または労働に制限を加えることを必要とする程度の障害を残すもの

には、障害手当金が支給されません。

① 厚生年金保険法（旧法を含む）の年金給付
② 国民年金法の年金給付
③ 国家公務員災害補償法、地方公務員災害補償法、公立学校の学校医、学校歯科医および学校薬剤師の公務災害補償に関する法律、労働基準法、労働者災害補償保険法の規定による障害補償または船員保険法の規定による障害を支給事由とする年金給付

ただし、①と②に該当する者のうち、障害厚生年金等の障害給付の受給権者で障害等級1～3級に該当することなく3年を経過した者（現に障害状態に該当しない者に限る）は、障害手当金の支給を受けることができます。

PART7 20 障害の程度の変化と改定

年金制度のしくみ

障害の重さが変わったときは年金額が改定される

■ 障害の重さが変わる場合もある

障害認定日以降、障害の重さが変わる場合もあります。以下のようなケースが想定され、障害年金支給の改定が行われます。

① **事後重傷によるケース**

障害認定日の時点では、障害等級が１～３級に該当しなかったが、後に症状が悪化して、等級が１～３級に該当するようになった場合です。事後重傷は、65歳以降は申請できません。なお、請求した月の翌月から支給が開始されるため、請求が遅くなると受取も遅くなるので注意が必要です。

② **増進改定によるケース**

障害認定日には障害等級が２～３級で障害年金を受給していたが、後に症状が悪化して１～２級に該当するようになった場合です。事後重症と異なり、増進改定は、65歳以降でも申請できますが、過去に２級以上の障害年金を受給している必要があります。

③ **基準障害によるケース**

障害認定日には障害等級が２級より下だったが、基準障害が発生したことで今までの障害と併せて２級以上の障害になった場合です。このようなケースを基準障害による障害年金（はじめて２級による障害年金）といいます。該当した場合は、後発の新たな傷病に対する初診日を基準に、保険料納付要件を満たしているか否か、及び障害厚生年金の受給可否やその受給額が決定されます。

④ **併合認定によるケース**

障害認定日に１級か２級の人に新しく１～２級の障害が発生

改定請求
障害等級の変化に合わせて支給額の変更を請求すること。

基準障害
後発の傷病等で初めて障害等級１、２級に該当することになった障害のこと。

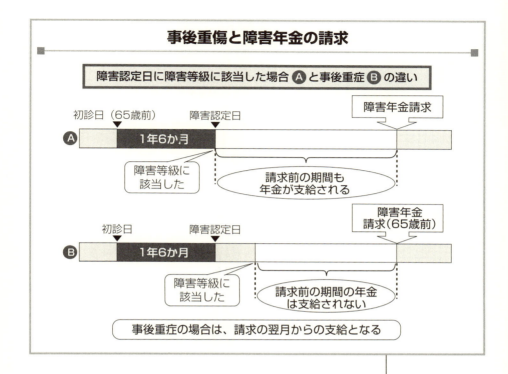

した場合です。なお、前の障害年金が失権します。

⑤ 併合改定によるケース

1〜2級の人（現在は3級に軽減した人も含む）に新たに3級以下の障害が発生した場合です。

■ 年金加入前の20歳前に障害を負った場合

20歳前に障害を負った場合、社会人として働いていなければ、公的年金の加入者ではないわけですから、公的年金の受給資格は本来ありません。しかし、障害年金は若い人のための年金でもあります。

そこで、「20歳前障害基礎年金」の制度があります。このような若者の場合、公的年金の加入者でなくても、20歳になったときから障害基礎年金が支給されます。

> **20歳前の障害基礎年金**
> 出産直後の先天性の病気などにより障害が残った場合も含まれる。

障害給付と労災や健康保険の給付との関係

PART7 21
年金制度のしくみ

障害年金は全額支給、その他の給付は減額されるのが原則

■ 労災保険の給付を減額する

通勤途中や、業務中の事故が原因で障害を負ってしまった場合、障害年金に加えて、労災保険からも給付があります。障害年金と労災保険は別の制度ですので、両方の受給要件を満たせば、両方の給付を受けることができます。しかし、この場合、障害年金と労災保険給付との調整が行われます。たとえば、労災保険の障害補償年金と、障害基礎年金、障害厚生年金の両方の受給権利がある場合は、年金は通常どおり支給され、労災保険が12～27％の範囲内で減額されて支給されます。

なお、20歳前の傷病による障害基礎年金については、労災保険給付が受け取れる場合には全額支給停止になるため、このような併給の対象にはなりません。

■ 傷病手当金を減額する

傷病手当金は、健康保険から支給されます。疾病により働くことができず、その間の給与も支払われないような場合に受給できます。傷病手当金も労災保険と同様、受給要件を満たせば、障害年金との併給が可能です。ただ、この場合も、調整が行われます。障害年金額が傷病手当金額よりも高い場合は、傷病手当金は支給されません。

一方で、障害年金の支給額が傷病手当金額よりも低い場合は、障害年金の額を360日で割って求めた1日当たりの金額と傷病手当金の差額が支給されます。

労災と社会保険の調整

労災と社会保険の併給調整は、同一の事由によって社会保険から給付が行われる場合の調整である。異なる事由の場合、たとえば、労災の遺族補償年金を受給している遺族が自身の老齢基礎年金を受給するようになった場合には調整は行われない。

労災保険調整率

		併給される社会保険の給付		
		国民年金および厚生年金保険	厚生年金保険のみ	国民年金のみ
支給される労災保険の保険給付	傷病(補償)年金 休業(補償)給付	障害厚生年金および障害基礎年金 0・73	障害厚生年金 0・88	障害基礎年金 0・88
	障害(補償)年金	障害厚生年金および障害基礎年金 0・73	障害厚生年金 0・83	障害基礎年金 0・88
	遺族(補償)年金	遺族厚生年金および遺族基礎年金 0・80	遺族厚生年金 0・84	遺族基礎年金 0・88

障害給付と労災保険給付の受給調整

障害給付の種類	障害補償年金の減額率
障害基礎年金+障害厚生年金	27%
障害厚生年金のみ	17%
障害基礎年金のみ	12%

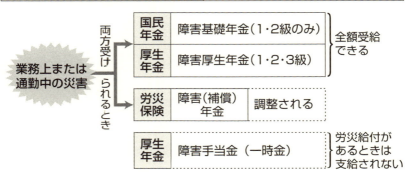

PART 7　年金制度のしくみ　231

PART7 22 障害年金がもらえない場合

年金制度のしくみ

等級が3級より下になった場合、犯罪行為、故意による障害状態はもらえない

■ こんな場合には障害年金はもらえない

以下のような場合には障害基礎年金を受給することができなくなります。

・支給停止

まず、労働基準法の障害補償を受けることができるときは障害基礎年金支給が6年間停止されます。また、以前は3級以上だったが、現在は軽くなり、3級より下になった場合、障害基礎年金の支給が停止されます。この場合、あくまで支給停止ですから障害の程度が悪化したときには支給が再開されます。

・失権

受給権者が死亡したときには、受給権は失権します。

また、65歳を過ぎるまで3級より下だった場合は、受給権そのものが消滅します。65歳以降に3級以上になっても障害年金はもらえません。老齢年金を受給できるからというのがその理由です。ただし、ここでも、特例があります。3級より下の障害状態になって3年以内に65歳になった場合、受給権が失権するのは、3級より下の障害状況になってから3年後とみなします。

支給停止や失権は障害厚生年金にも定められており、内容は次ページ図のとおりです。

■ 全部または一部の不支給

障害基礎年金や障害厚生年金は、故意に障害またはその直接の原因となった事故を生じさせた者の障害については、支給されません。また、故意の犯罪行為もしくは重大な過失により、

支給停止
年金の支給を一時停止するが、再度要件を満たせば再び支給される状態のこと。

失権
同一事由による年金の受給権が消滅すること。

障害年金の失権・支給停止事由

● 失権事由

① 受給権者が死亡したとき

② 併合認定により新たな受給権を取得したとき
（従前の障害年金の受給権が消滅する）

③ 障害等級に該当する程度の障害の状態にない者が65歳になったとき
（65歳になった日に、障害等級に該当する程度の障害の状態でなくなった日から起算して、障害等級に該当する程度の障害の状態に該当しないまま3年を経過していないときを除く）

④ 障害等級に該当する障害の状態でなくなった日から起算して、障害等級に該当する程度の障害の状態に該当することなく3年が経過したとき
（3年が経過した日において、その受給権者が65歳未満である場合を除く）

● 支給停止事由

① 労働基準法の障害補償を受ける権利を取得したときから6年間
（障害年金の受給権がある場合は同時に支給停止される）

② 障害の程度が軽くなり、障害等級に該当する程度の障害の状態でなくなったとき
（ただちに受給権を消滅させるのではなく、いったん支給を停止し、その後、障害の程度が悪化して再び障害等級に該当する状態に至った場合に支給が再開される）

③ 障害厚生年金の加給年金の支給対象となっている配偶者が老齢厚生年金（加入期間が20年以上のものに限る）または障害基礎年金、障害厚生年金を受けられるに至ったとき（配偶者の加給年金額のみ支給を停止）

障害もしくはその原因となった事故を生じさせ、または障害の程度を増進させた者については障害年金の全部または一部の支給が行われないことがあります。

さらに、正当な理由がなくて療養に関する指示に従わない場合も、障害年金の全部または一部の支給が行われないことがあります。

遺族給付とは

老齢年金や障害年金とは異なった受給要件がある

■ 遺族年金はどんな場合にもらえるのか

公的年金の加入者、老齢年金・障害年金の受給権者（年金をもらえる人のこと）が死亡したとき、残された家族に対して支給されるのが公的年金制度の遺族給付です。先立った人の家族の生活を保障することが目的です。

遺族給付の中でも中心的な役割を果たすのが、遺族に年金形式で支給される遺族年金です。遺族年金には、遺族基礎年金、遺族厚生年金があります。

遺族基礎年金と、遺族厚生年金の両方の受給要件を満たしていれば、両方もらえます。つまり、「2階建て」になっているわけです。自営業者の配偶者の場合、遺族基礎年金を受給することになりますが、会社員の配偶者の場合、遺族基礎年金に加えて、遺族厚生年金を受給することができます。

■ 老齢給付と遺族給付の調整

遺族厚生年金をもらっていた配偶者が65歳になったとき、自分の老齢基礎年金や老齢厚生年金はもらえるのか、という問題があります。年金制度の原則に年金の併給は「同一事由に限る」とあるからです。ただ、この原則を貫くと、妻は遺族厚生年金をもらっているという理由から、保険料を払っていたのに自分の老齢年金は受け取れないという不平等が起こります。そこで、救済措置として併給ができるようになっています。実際は、以下の3つの選択肢が用意されています。

① 老齢基礎年金と遺族厚生年金の併給

遺族基礎年金
国民年金の被保険者または老齢基礎年金の受給資格期間を満たした者等が死亡した場合に、その者によって生計を維持されていた配偶者（子のある配偶者に限る）または子に支給される年金。

遺族厚生年金
厚生年金保険の被保険者または一定の要件を満たす被保険者であった者が死亡した場合に、一定の遺族に支給される年金。

併給の救済措置
老齢厚生年金と遺族厚生年金の受給権がある65歳以降の者が対象となる。

遺族年金を受給するための死亡日の要件

要件1 死亡したのがいつか

遺族基礎年金	遺族厚生年金
・国民年金に加入中 ・元加入者で60歳以上65歳未満で日本在住 ・老齢基礎年金受給中※ ・老齢基礎年金の受給資格がある※	・厚生年金に加入中 ・厚生年金に加入中に初診日があった傷病が原因で5年以内に死亡 ・障害厚生年金の1・2級の受給者 ・老齢厚生年金受給中※ ・老齢厚生年金の受給資格がある※

※保険料納付済期間と保険料免除期間、合算対象期間を合算した期間が25年以上である者に限る

② 老齢基礎年金と自分の老齢厚生年金の併給
③ 老齢基礎年金と自分の老齢厚生年金の2分の1と遺族厚生年金の3分の2の併給

　実際には、まず、②が支給され、①～③のうち、最も高い金額と②との差額を「遺族厚生年金」として支給されます。つまり、老齢厚生年金を優先的に支給するということです。

■ 遺族年金と受給権者の年収との関係

　遺族年金を受給するためには、受給権者の前年の年収が、死亡当時850万円（所得では655万5,000円）未満であったことが必要です。夫がなくなっても配偶者に十分な収入があるのであれば年金の受給を認めなくてもよいからです。ただし、収入が850万円以上であっても、近い将来（おおよそ5年以内）に収入が850万円未満になることが証明できる場合は、受給できます。

　また、「いつ亡くなったか」「受給できる遺族がいるか」「公的年金の加入期間中に保険料をきちんと納めていたか」という3つの要件を満たすことが必要です。まず、遺族年金を受給するためには、死亡した人が上図の要件を満たしていなければなりません。

PART7 24 遺族年金の受給要件

年金制度のしくみ

遺族厚生年金の方が受給できるケースが広い

■ 一定の遺族がいないと受け取れない

　遺族基礎年金と遺族厚生年金とでは遺族の範囲が大きく異なっています。双方の年金に共通しているのは、年金を受けるべき生計維持されていた遺族が1人もいなければ、遺族給付が支給されないということです（次ページ図の**要件2**）。

　遺族基礎年金をもらえる遺族は限られています。対象は、被保険者または被保険者であった者の死亡の当時、その者によって生計を維持されていた子のいる配偶者、または子です。「子」とは、18歳到達年度の末日（3月31日）を経過していない子、もしくは1、2級障害がある20歳未満の子のことを意味します。そのため、夫が死亡したが夫婦の間に子がいなかった場合は支給対象とはなりません。これに対して、遺族厚生年金が支給される遺族の範囲は遺族基礎年金よりも広範です。夫や父母も支給対象になります。ただ、決められた優先順位の最先順位の人にだけ支給され、上位の権利者だけが受給することができます。このように、遺族厚生年金の方が受給できるケースが広いため、遺族基礎年金はもらえないが、遺族厚生年金はもらえるというケースもあります。

　なお、配偶者については、法律上の婚姻関係にない内縁の配偶者でも、夫婦関係の実態があれば、年金制度上は、配偶者と認められるので、内縁の配偶者が遺族になった場合は、遺族年金を受給できます。

■ きちんと保険料を納めていないともらえない

　保険料納付要件は、死亡日の前日において、死亡日が含まれ

18歳未満の子
18歳になった後、最初の3月31日までにある者のこと。

遺族給付を受給するための要件

要件1

死亡したのがいつか	遺族基礎年金	遺族厚生年金
	・国民年金に加入中 ・元加入者で60歳以上65歳未満で日本在住 ・老齢基礎年金受給権者※ ・老齢基礎年金の受給資格期間を満たす※	・厚生年金に加入中 ・厚生年金に加入中に初診日があった傷病が原因で5年以内に死亡 ・障害厚生年金の1・2級の受給権者 ・老齢厚生年金受給権者※ ・老齢厚生年金の受給資格期間を満たす※

※保険料納付済期間と保険料免除期間、合算対象期間を合算した期間が25年以上である者に限る

要件2

遺族の範囲（生計維持関係にあること）

遺族基礎年金

※子または子のある配偶者のみ	死亡当時の年齢
子のいる配偶者	18歳未満の子のいる配偶者
子	18歳未満

年収850万円未満であること

遺族厚生年金

※遺族厚生年金には優先順位がある		死亡当時の年齢
1位	配偶者	（妻の場合）年齢は問わない （夫の場合）55歳以上
	子	18歳未満
2位	父母	55歳以上
3位	孫	18歳未満
4位	祖父母	55歳以上

※表中の「18歳未満」は18歳に達して最初の3月末日までをいう。また20歳未満で1・2級の障害の子も含む
※表中の「55歳以上」は55歳から59歳までは支給停止。60歳からの受給となる

要件3

死亡者が保険料納付要件を満たしているか（障害給付の要件と同じ）	遺族基礎年金・遺族厚生年金とも
	・死亡日の前日において、死亡日が含まれる月の前々月までの被保険者期間のうち、保険料納付済期間と保険料免除期間の合計が3分の2以上あること ・令和8年3月31日までは、死亡日の月の前々月までの1年間に滞納がないこと

※老齢年金受給権者、受給資格期間を満たしていた人、障害年金受給者の死亡の場合は上記要件は問わない

る月の前々月までの被保険者期間のうち、保険料納付済期間と保険料免除期間の合計が3分の2以上あることです。

ただし、令和8年3月31日までは、特例として、死亡月の月の前々月までの1年間に保険料の滞納がなければ受給することができます（死亡した人が65歳未満である場合に限る）。

遺族年金の受給額

基礎年金の本体部分は老齢基礎年金と同じ金額、子どもの数に応じて加算される

■ 遺族基礎年金の年金額

　遺族基礎年金は、子（18歳未満もしくは１、２級障害で20歳未満の子どものこと）のいる配偶者、または、18歳未満もしくは１、２級障害で20歳未満の子ども（両親が亡くなっている場合）が受給することができる年金です。これは、遺族基礎年金が子育て支援を目的とする年金だからです。配偶者が亡くなったとしても、18歳未満もしくは、１、２級障害で20歳未満の子どもがいない場合、配偶者は遺族基礎年金を受給することはできません。

　遺族基礎年金の金額は、「本体部分」と「子ども扶養のための加算」部分で構成されます。本体部分は、老齢基礎年金と同じ金額、年間81万6,000円（昭和31年４月２日以降生まれの人、令和６年度現在）となり、子ども扶養のための加算は、第１子と第２子が23万4,800円、第３子以降が７万8,300円（いずれも令和６年度現在）となっています。子どもが18歳以上になった場合など、支給要件から外れた場合は、年金の受給権は消滅します。

　また、両親が２人ともいない場合は、子どもが受給します。１人の場合は、本体部分（81万6,000円）だけ、２人の場合は、２人目以降の加算が付くという具合に増額していきます。

■ 遺族厚生年金の年金額

　会社員の妻がもらえる遺族厚生年金は、亡くなった夫の収入に応じた金額がもらえます。具体的には、夫の老齢厚生年金の４分の３です。ただし、加入期間の長さの違いによって「短期要件」と「長期要件」があり、支給金額の計算方法が違います。

遺族基礎年金の金額
昭和31年４月１日以前生まれの人は、81万3,700円となる。

遺族厚生年金と報酬比例
遺族厚生年金は、報酬比例というしくみがとられており、死亡した人が支払っていた保険料が多いほど、遺族がもらえる遺族厚生年金も多くなる。

　短期要件とは、死亡した夫が、①厚生年金の被保険者（現役の会社員）、②厚生年金の被保険者であった者で、被保険者期間中に初診日のある傷病で初診日から5年以内に死亡した、③障害等級1級または2級の障害厚生年金の受給権者であった場合です。この場合は、障害厚生年金の計算方法に近い方法になります。まず、加入月数が1か月以上あれば、加入月数が300か月あったとみなされて計算されます。また、乗率（過去の給与などの再評価率）も、生年月日にかかわらず、一定です。

　長期要件は、短期要件以外のケースでの計算方法です。これは、老齢厚生年金の計算法と同じです。つまり、死亡した夫がもらっていたか、もらえるはずだった老齢厚生年金の4分の3の金額となります。

> **長期要件**
> 長期要件とは、夫が老齢厚生年金の受給中、もしくは老齢厚生年金の受給資格を得た後に死亡した場合のことである。短期要件が加入月を300か月とみなすのに対して、長期要件の場合、夫が加入していた期間の実期間を基に年金額を計算する。

遺族厚生年金の特例

PART7 26 年金制度のしくみ

受給額が少なくなりすぎないようにしている

■ 中高齢寡婦加算について

　会社員の妻で、夫が亡くなったときに40歳以上65歳未満の場合、子どもがいなくても、遺族厚生年金の他に厚生年金から給付があります。これを中高年寡婦年金といいます。

　子のいない妻は遺族基礎年金を受け取ることができないため、通常は、2階部分である遺族厚生年金しか受け取ることができないはずですが、遺族厚生年金しか受け取ることができないと受給金額が少なくなってしまうケースも多かったため、このような制度があります。中高年寡婦年金の加算額は、昭和31年4月2日以降生まれの人で61万2,000円（令和6年度現在）です。これは、令和6年度の、遺族基礎年金の満額の4分の3に相当する金額です。

■ 経過的寡婦加算について

　遺族厚生年金の中高齢寡婦加算を受給している妻は、65歳になると自身の老齢基礎年金の支給が開始されるため、それまで支給されていた中高齢寡婦加算の受給権が消滅することになります。

　しかし、昭和31年4月1日以前生まれの妻については、中高齢寡婦加算にかえて経過的寡婦加算が支給されることになっています。これは昭和61年4月の年金大改正前には、専業主婦は国民年金への加入が任意だったため、多くの者（妻）が国民年金に加入しておらず、その結果、妻自身の老齢基礎年金が低額になるケースがあることに配慮したものです。経過的寡婦加算の加算額は、妻の生年月日によって決まります。

寡婦
一般的に、夫と死別して再婚しないでいる女性を寡婦という。一定の要件を満たす寡婦に対しては、年金の支給や加算が行われる。

中高年寡婦年金の加算額
昭和31年4月1日以前生まれの人の金額は、61万300円である。

経過的寡婦加算
遺族厚生年金を受給している妻が65歳になると妻自身の老齢基礎年金が受給できるようになるため、中高齢寡婦加算が停止される。しかし、老齢基礎年金の方が少なく、もらえる年金の額が少なくなってしまうため、年齢に応じて支給されるもの。

昭和61年の年金大改正
昭和61年より、国民年金を全国民共通の年金（基礎年金）として位置付け、その上に厚生年金保険と共済組合の各制度が乗るというしくみが整備された。年金制度の改正として最も重要な改正である。

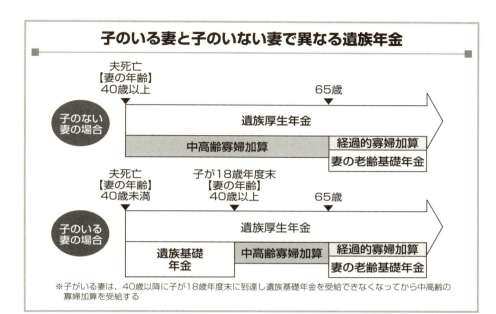

生年月日で異なる経過的加算額の金額

令和6年度支給額

生年月日	加算額	生年月日	加算額
〜昭 2.4.1	610,300	昭17.4.2 〜 昭18.4.1	284,820
昭 2.4.2 〜 昭 3.4.1	579,004	昭18.4.2 〜 昭19.4.1	264,477
昭 3.4.2 〜 昭 4.4.1	550,026	昭19.4.2 〜 昭20.4.1	244,135
昭 4.4.2 〜 昭 5.4.1	523,118	昭20.4.2 〜 昭21.4.1	223,792
昭 5.4.2 〜 昭 6.4.1	498,066	昭21.4.2 〜 昭22.4.1	203,450
昭 6.4.2 〜 昭 7.4.1	474,683	昭22.4.2 〜 昭23.4.1	183,107
昭 7.4.2 〜 昭 8.4.1	452,810	昭23.4.2 〜 昭24.4.1	162,765
昭 8.4.2 〜 昭 9.4.1	432,303	昭24.4.2 〜 昭25.4.1	142,422
昭 9.4.2 〜 昭10.4.1	413,039	昭25.4.2 〜 昭26.4.1	122,080
昭10.4.2 〜 昭11.4.1	394,909	昭26.4.2 〜 昭27.4.1	101,737
昭11.4.2 〜 昭12.4.1	377,814	昭27.4.2 〜 昭28.4.1	81,395
昭12.4.2 〜 昭13.4.1	361,669	昭28.4.2 〜 昭29.4.1	61,052
昭13.4.2 〜 昭14.4.1	346,397	昭29.4.2 〜 昭30.4.1	40,710
昭14.4.2 〜 昭15.4.1	331,929	昭30.4.2 〜 昭31.4.1	20,367
昭15.4.2 〜 昭16.4.1	318,203	昭31.4.2 〜	−
昭16.4.2 〜 昭17.4.1	305,162		

PART 7　年金制度のしくみ

遺族年金がもらえなくなる場合

PART7 27
年金制度のしくみ

失権は永遠に、支給停止は、ある理由で一時的に支給が止まること

失　権
年金の支給を受けることができる権利が消滅すること。失権すると、年金の受給が終了する。

■ 失権と支給停止の２つがある

　遺族年金を受給できなくなるのは、失権と支給停止になった場合です。両方の違いは、失権が永遠に年金を受給する権利を失うことなのに対して、支給停止は、ある理由で年金の支給が止まっている状況を指すという点です。支給停止の場合、支給が停止される理由が消滅すれば、支給は再開されるのです。

■ 遺族基礎年金の受給権が失権・支給停止になる場合

　遺族基礎年金は受給権者である、配偶者や子が、死亡したとき、婚姻したとき（事実上婚姻関係の場合を含む）、養子になったとき（直系血族または直系姻族の養子になった場合を除く）に失権します。

　このような場合には、一般的に支給する必要がなくなるといえるからです。

　また、配偶者の遺族基礎年金については、すべての子について、死亡・婚姻・配偶者以外の者との養子縁組といった一定の事由が生じた場合、一般的に子を扶養する必要がなくなるので失権します。

　さらに、離縁によって、死亡した被保険者または被保険者であった者の子でなくなったとき、18歳に達した日以後の最初の３月31日が終了したとき（一定の障害がある場合を除く）、障害等級１級または２級に該当する障害の状態にある子のその事情がやんだとき、20歳に達したとき、には子の遺族基礎年金が失権します。

242

遺族厚生年金の支給停止事由

	ケース	摘要
①	労基法の遺族補償が行われるとき	6年間
②	夫、父母、祖父母が55歳以上60歳未満のとき	
③	子、妻、夫に対する遺族厚生年金が右のいずれかに該当するとき	・子の停止…妻に受給権があるとき ・妻の停止…子が遺族基礎年金を受けている間 ・夫の停止…子に受給権があるとき

　一方、労働基準法による遺族補償が受けられる間は、二重取りを防ぐ観点から、6年間遺族基礎年金が支給停止されます。配偶者が遺族基礎年金を受給できる場合や、生計を同じくする父または母がいる場合には子の遺族基礎年金が支給停止されます。

　また、妻が1年以上行方不明である場合には、子の申請により妻の遺族基礎年金が、支給停止されます。

■ 遺族厚生年金が失権・支給停止となる場合

　遺族厚生年金についても、受給権者に、死亡・婚姻・直系血族および直系姻族以外の者の養子縁組（事実上の養子縁組を含む）といった事情が生じた場合には、一般的に年金を受給する必要がなくなるので、失権します。

　また、子や孫の受給権は、18歳の年度末や20歳の到来により失権します。父母、孫、祖父母の受給権は、被保険者の死亡時に胎児だった子が生まれたときに失権するものとされています。

　さらに、まだ若い年齢といえる遺族基礎年金の受給権を取得していない30歳未満の妻が受給している遺族厚生年金の受給権は、受給権取得日から5年で消滅します。

　一方、遺族厚生年金の支給停止事由は上図のとおりです。

PART7 28

年金制度のしくみ

第1号被保険者のための特別な遺族給付

「寡婦年金」と「死亡一時金」で、年金保険料がムダになるのを防ぐ

第1号被保険者
国民年金加入者のうち、20歳以上60歳未満の自営業者とその配偶者、学生、無職の者などのこと。

死亡一時金の遺族の範囲
死亡した者の配偶者、子、父母、孫、祖父母または兄弟姉妹の順で支給される。死亡の当時、その者と生計を同じくしている必要がある。

■ 寡婦年金と死亡一時金

　会社員が死亡したときには、配偶者は遺族基礎年金をもらえる子どもがいなくても遺族厚生年金をもらえますが、国民年金第1号被保険者期間のみの自営業者が亡くなった場合、配偶者は同じ環境では遺族基礎年金をもらうことができず、国民年金保険料がムダになってしまいます。このような不公平を起こさないために寡婦年金や死亡一時金という制度が設けられています。寡婦年金、死亡一時金のことを遺族給付といいます。

　寡婦年金とは、第1号被保険者の期間が10年以上ある夫が死亡した時に、結婚10年以上の妻が、夫がもらったと考えられる老齢基礎年金の4分の3を60歳から65歳になるまで受給できる制度です。一方、寡婦年金をもらう要件がそろっていない場合にもらえるのが、死亡一時金です。支給を受けるには、国民年金第1号被保険者として保険料を3年以上、納めている必要があります。死亡一時金は、妻に限らず、最も優先順位の高い遺族に一時金として支給されます。

■ 寡婦年金と死亡一時金の両方がもらえるとき

　寡婦年金の支給要件と死亡一時金の支給要件の両方を満たしている人の場合、どちらかを選択して受け取ります。どちらを選択するかは、実際の自分の置かれた立場を考えて慎重に選ぶ必要があります。たとえば、妻が60歳になっていない場合、寡婦年金の方が有利だといえます。しかし、夫が死亡した時の妻の年齢が65歳に近い場合は、死亡一時金の方が有利になります。

寡婦年金が支給される要件

- 第1号被保険者の夫が死亡
- 夫死亡時妻は65歳未満
- 第1号被保険者として、保険料納付済期間と保険料免除期間の合計が **10年以上** ある
  - → カラ期間は使えない
- 婚姻関係が **10年以上** 継続していた
  - → 内縁関係でもよい
- 老齢基礎年金を受けていない
  障害基礎年金を受けていない

- 夫死亡時60歳未満のときは60歳まで支給停止
- 妻 **60歳から65歳** になるまで夫が受けられたであろう **老齢基礎年金の4分の3** の額が **寡婦年金** として支給される
- 死亡一時金ももらえるときは、どちらかを選択する

死亡一時金が支給される要件

- 第1号被保険者として、保険料を **3年以上** 納めた
- 老齢基礎年金を受けていない
  障害基礎年金を受けていない
  遺族基礎年金を受給できる遺族がいない

- 遺族の優先順位に応じて **死亡一時金** が支給される
- 寡婦年金も受けられるときは、どちらかの選択となる

死亡一時金の優先順位

順位	続柄
1位	配偶者
2位	子
3位	父母
4位	孫
5位	祖父母
6位	兄弟姉妹

死亡した者と生計を同じにしていた者に限る

死亡一時金の金額

保険料納付済期間	死亡一時金の額
36か月以上180か月未満	120,000円
180か月以上240か月未満	145,000円
240か月以上300か月未満	170,000円
300か月以上360か月未満	220,000円
360か月以上420か月未満	270,000円
420か月以上	320,000円

脱退手当金と脱退一時金

PART7 29 年金制度のしくみ

掛け捨てを防止するための措置である

■ 脱退手当金はどんな場合に支給されるのか

　公的年金は、保険料が返還されないのが原則です。ただ、かつては老齢厚生年金を受けるために必要な被保険者期間を満たしていない者が60歳になった後、被保険者資格を喪失している場合に一時金を支給する脱退手当金という制度がありました。

　昭和61年の年金改正によって、国民年金の老齢基礎年金の受給資格期間を満たしていれば、1か月の加入でも老齢厚生年金が支給されることになったため、脱退手当金の制度は廃止されました。そのため、脱退手当金が支給されるのは以下の場合に限られます。

① 昭和16年4月1日以前に生まれた者であること
② 厚生年金保険の被保険者期間が5年以上ある者であること
③ 通算老齢年金、障害年金の受給権者でないこと
④ 60歳に達していること
⑤ 被保険者資格を喪失していること
⑥ 老齢年金の受給資格期間を満たしていないこと
⑦ 過去に脱退手当金の額以上の障害年金または障害手当金を受けたことがないこと

■ 脱退一時金は外国人のための制度である

　脱退一時金は、年金受給資格期間を満たさない外国人に一時金を支給する制度です。公的年金制度は、日本国内に住所のある者について国籍を問わず適用するのが原則です。そのため、外国人にも保険給付が行われますが、老齢給付については、滞在期間の短い外国人の場合、所定の受給資格期間が満たせず、

脱退手当金の経過措置

法改正・制度改正があったときに、国民が戸惑うことのないよう、一定の調整を図ること。
脱退手当金は、旧厚生年金保険法の適用を受ける昭和16年4月1日以前生まれの者について、経過措置として支給（返還）される。

脱退一時金の上限年数

脱退一時金の上限年数は3年であったが（次ページ図）、令和3年4月から5年に延長された。

脱退一時金の額

最後に保険料を納付した月が令和3年（2022年）4月以降

国民年金（最終納付月が令和6年度に属する場合）		厚生年金保険	
保険料納付済期間	金額	被保険者期間	支給率
6月以上 12月未満	50,940円	6月以上 12月未満	6×保険料率×1/2
12月以上 18月未満	101,880円	12月以上 18月未満	12×保険料率×1/2
18月以上 24月未満	152,820円	18月以上 24月未満	18×保険料率×1/2
24月以上 30月未満	203,760円	24月以上 30月未満	24×保険料率×1/2
30月以上 36月未満	254,700円	30月以上 36月未満	30×保険料率×1/2
36月以上 42月未満	305,640円	36月以上 42月未満	36×保険料率×1/2
42月以上 48月未満	356,580円	42月以上 48月未満	42×保険料率×1/2
48月以上 54月未満	407,520円	48月以上 54月未満	48×保険料率×1/2
54月以上 60月未満	458,460円	54月以上 60月未満	54×保険料率×1/2
60月以上	509,400円	60月以上	60×保険料率×1/2

※厚生年金保険の脱退一時金の額は、被保険者であった期間に応じて、その期間の平均標準報酬額（被保険者期間の計算の基礎となる各月の標準報酬月額と標準賞与額の総額を、当該被保険者期間の月数で割って得た額）に支給率を掛けて得た額となる

老後の年金給付に結びつかないこともありえます。

そのため、支払っていた保険料がムダにならないように、以下の①〜⑤の要件を満たす者については、上図の金額の脱退一時金が支給されます。

ただし、国際年金通算協定の締結により、保険期間が通算されるしくみが整っている外国籍の外国人については、支払っていた保険料がムダになりません。このような外国人については、脱退一時金が支給されないことがあります。

① 日本国籍をもっていないこと
② 国民年金の保険料納付済期間の月数、厚生年金保険の被保険者期間の月数が、それぞれ請求日の属する月の前月までに6か月以上あること
③ 老齢基礎年金・老齢厚生年金の受給資格期間を満たしていないこと、障害年金などの受給権がないこと
④ 国民年金または厚生年金保険の被保険者でないこと
⑤ 帰国して2年以内に請求すること

社会保障協定

2国間において、年金加入期間を通算したり、二重加入を防止したりすることを目的として締結する協定。

脱退一時金が支給されない場合

脱退一時金は、日本国内に住所があるとき、過去に障害年金等の受給権を有したことがある（受給していなくても）ときには支給されない。

PART7 30 厚生年金の離婚分割

年金制度のしくみ

合意分割と３号分割の２種類がある

■ 離婚分割とは

「離婚時の年金分割」とは、離婚すると女性の年金が少額になるケースが多いため、夫の分の年金を離婚後は妻に分割できるようにするというものです。離婚分割制度には合意分割制度と３号分割制度があります。

① **合意分割**

結婚していた期間に夫が納めていた厚生年金保険に該当する部分の年金の最大半分につき、将来、妻名義の年金として受け取ることができる制度です。分割の対象となるのはあくまでも老齢厚生年金に限られ、老齢基礎年金は分割の対象とはなりません。報酬比例部分の２分の１（50％）を限度（共働きの場合は双方の報酬比例部分を合算して50％が限度）として、夫が合意した場合、もしくは家庭裁判所の按分割合の決定があった場合に、妻独自の年金として支給を受けることができるようになります。

② **３号分割**

妻が第３号被保険者のときは、離婚の際、婚姻期間にかかる夫の厚生年金記録を夫の合意なしに分割してもらうことができる制度です。夫の合意が不要なのは平成20年４月以降の婚姻期間についてだけなので、それ以前の分について合意分割を利用することになります。

■ 離婚分割の手続き

合意分割を行う場合、まず、当事者間の合意が必要になりますが、この合意は、単なる契約書や覚書では足りず、公正証書

合意分割制度

平成19年４月以降に離婚した場合等で、当事者間の合意や裁判手続きにより厚生年金の標準報酬を分割することができる制度。

３号分割制度

平成20年５月以降に離婚した場合等で、平成20年４月１日以後の第３号被保険者期間について厚生年金の標準報酬を分割することができる制度。

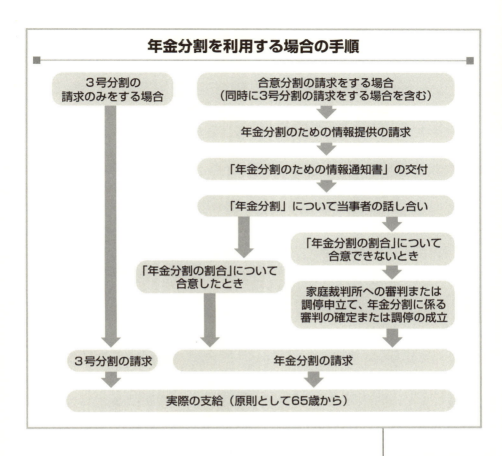

または公証人の認証を受けた私署証書でなければなりません。年金分割の請求は「標準報酬改定請求書」に必要な添付書類を添えて行います。提出先は最寄り（管轄）の年金事務所です。ただし、改定請求をする対象が共済年金のみの場合は、それぞれの共済組合の窓口が提出先になります。

一方、3号分割を請求する場合、離婚や事実婚の解消をした後に、標準報酬改定請求書に添付書類を添えて管轄の年金事務所に請求をすることになります。

合意分割と3号分割を同時に請求したい場合、合意分割改定請求用の標準報酬改定請求書のみの提出で請求可能です。

公正証書
公証人という特殊の資格者が当事者の申立てに基づいて作成する公文書。

私署証書
私人が作成者として署名した文書のこと。

確定拠出年金（DC）などの新しい年金制度

PART7 31

年金制度のしくみ

税制上も有利になる

■ 確定拠出年金とは

確定拠出年金は、基礎年金や厚生年金にプラスして加入する年金制度です。将来、受け取る年金額が決まっているわけではなく、拠出した掛金とその運用収益の合計額によって年金額が決まります。たとえば、掛金を定期預金のような安全資産で運用すれば掛金と利息相当分が将来受け取れる年金ということになります。一方、外国債券などリスクを取って掛金を運用すれば、将来受け取る年金は大幅に増えるか、逆に減ってしまう可能性もあります。

確定拠出年金には事業主が拠出する企業年金と、加入者自身が拠出する個人型年金（iDeCo）の2種類があります。確定拠出年金を実施する企業にとっては、掛金だけを負担すればよく、将来支給する年金の原資を気にする必要もないため、確定給付企業年金から確定拠出年金へ制度移行するケースも増えています。

また、確定拠出年金は60歳になったときに、年金や一時金として受給することができます（原則）。これを老齢給付金といいます。他に、75歳前に一定の障害状態になった場合に受給できる障害給付金や、死亡一時金、脱退一時金の給付があります。

■ 対象者と拠出限度額

確定拠出年金に加入できる対象者は、20歳以上のほぼすべての国民です。企業型の確定拠出年金には、実施企業に勤務する従業員が加入できます。個人型の確定拠出年金には、自営業者等（第1号被保険者）、厚生年金保険の被保険者（第2号被保

確定拠出年金に加入できる年齢

令和4年5月からは、企業型70歳未満、個人型65歳未満に引き上げられた。

確定給付企業年金

将来受け取る年金が確定している企業年金制度。企業が掛金を積立、運用、給付まで行う。低金利の状況、企業の競争下では、将来的に企業年金制度を維持していくことが難しいと言われている。

拠出限度額

	対象者		拠出限度額
企業型	確定給付型の年金を実施していない		55,000円※1
	確定給付型の年金を実施している		27,500円※1
個人型	国民年金第1号被保険者（自営業者等） 任意加入被保険者		68,000円※2
	国民年金 第2号被保険者 （厚生年金保険 被保険者）	確定給付型の年金等および企業型確定拠出年金に加入していない（公務員を除く）	23,000円
		●企業型確定拠出年金のみに加入している	20,000円※3
		●確定給付型の年金等のみに加入している（公務員含む）	★12,000円
		●確定給付型の年金等と企業型確定拠出年金の両方に加入している	★12,000円※4
	国民年金第3号被保険者（専業主婦（夫）等）		23,000円

※1 マッチング拠出を導入している場合は、事業主掛金と加入者掛金との合計が拠出限度額（令和6年12月からは55,000円－他制度掛金相当額）の範囲内
※2 国民年金基金の掛金、国民年金の付加保険料を納付している場合はそれらを控除した額
※3 企業型確定拠出年金の事業主拠出をしている場合は、事業主掛金と加入者掛金との合計が55,000円の範囲内
※4 企業型確定拠出年金の事業主拠出をしている場合は、事業主掛金と加入者掛金との合計が27,500円（令和6年12月からは55,000円－他制度掛金相当額）の範囲内
★令和6年12月からは、拠出限度額が12,000円から20,000円に変更
●令和6年12月からは、事業主の拠出額が35,000円を超えると、加入者の拠出限度額が逓減

険者）、専業主婦等（第3号被保険者）が加入できます。また、令和4年10月からは、企業型確定拠出年金加入者が、規約に定めがなくても、個人型確定拠出年金へ加入することができるようになりました。なお、対象者に応じて、上図のように拠出限度額が決まっています。

■ 税制上のメリットがある

確定拠出年金は、税制における優遇がある点が魅力的です。拠出した掛金は、個人の場合、全額所得控除の対象となり所得税や住民税を抑えることができます。また、企業においても掛金を全額損金として計上することができます。

運用益についても非課税となっているため、通常の投資よりも有利になることがあります。給付時についても、年金として受け取る場合には公的年金等控除、一時金として受け取る場合には退職所得控除がそれぞれ適用されます。

> **確定拠出年金の受給開始年齢**
> 令和4年4月からは、60～75歳までの間で受給者が選択できるようになった。

PART7 32 3号被保険者制度の見直し

年金制度のしくみ

第3号被保険者の在り方に対して見直しの機運が高まっているが結論はでていない

■ 国民年金第3号被保険者とは

国民年金第3号被保険者（以下、第3号被保険者）とは、厚生年金の被保険者である第2号被保険者により生計を維持（年収が130万円未満であり、かつ配偶者の年収の2分の1未満）されている20歳以上60歳未満の配偶者を指します。

基本的に第3号被保険者は収入を得ていないことが前提とされているため、自身で保険料を負担する必要はなく、第2号被保険者全体の保険料で賄われています。また、第3号被保険者として独自に国民年金給付を受けることができます。

■ どんなことが問題なのか

第3号被保険者については、現在以下のような問題点が指摘されています。

① 第3号被保険者は、保険料の負担なしに第1号被保険者・第2号被保険者と同水準の年金給付を受けられることから、単身世帯の第2号被保険者や、夫婦ともに第2号被保険者である世帯と比較して公平性を欠いている。

② 第1号被保険者に生計を維持されている配偶者は第3号被保険者に該当しないため、自ら第1号被保険者として保険料を納付することになるが、配偶者が第1号被保険者か第2号被保険者かにより保険料の負担の有無に違いが生じるのは公平性を欠いている。

③ 第3号被保険者の生計維持要件を超えないように労働時間や収入を制限する傾向があり、働き控えを生じさせている。

年金制度に加入する被保険者の種類

年金制度に加入する被保険者については、3種類に区分できる（191ページ）。国民年金だけに加入している人を第1号被保険者、厚生年金の加入者を第2号被保険者、第2号被保険者に扶養されている配偶者を第3号被保険者という。

単身世帯と第3号被保険者がいる世帯の比較

単身世帯の年金給付
厚生年金
基礎年金
第2号被保険者

第3号被保険者のいる世帯の年金給付
厚生年金
基礎年金 / 基礎年金
第2号被保険者 / 第3号被保険者

保険料負担額 第2号被保険者の賃金水準が同じ場合、世帯全体で負担する保険料は両世帯で同額となる

年金給付額
- 単身世帯 → 基礎年金 **1** 人分 ＋ 厚生年金1人分
- 第3号被保険者のいる世帯 → 基礎年金 **2** 人分 ＋ 厚生年金1人分

夫婦ともに第2号被保険者である世帯が増加しており、また、多様な働き方の広がりに伴いフリーランス（第1号被保険者）という就労形態が一般化しつつあります。人出不足による企業活動への影響も顕在化しており、このような社会情勢から第3号被保険者の在り方に対して見直しの機運が高まっています。

■ 現在、どんな改正が検討されているのか

第3号被保険者に関する制度改正については、厚生労働省の審議会である社会保障審議会において議論が交わされてきました。就労している第3号被保険者については、短時間労働者への被用者保険適用拡大により第2号被保険者へ移行するという方向性で改正が進められています。就労していない第3号被保険者については、年金給付の減額や保険料負担を求めるといった意見も示されているのですが、今なお意見の一致をみていません。今後さらに第3号被保険者制度の縮小・見直しに向けた検討が進められていきます。

短時間労働者への被用者保険適用拡大

被保険者数が51人以上在籍している企業は特定適用事業所となり、当該事業所に勤務する一定水準以上の労働時間・収入がある短時間労働者は健康保険・厚生年金に加入しなければならない（129ページ）。

見直しに向けた議論の行方

年金制度改革を議論する厚生労働省の社会保障審議会年金部会では、第3号被保険者制度の縮小・見直しに向けた検討が進められているが、現段階で議論は収束しておらず、結論は次期年金制度改革を検討する5年後以降になる見通しである。

PART7 33 遺族年金制度の見直し

年金制度のしくみ

検討段階だが見直しの方向性が発表されている

■ どんなことを改正するのか、改正の目的

現在の遺族厚生年金は、夫を亡くした妻への生活保障が手厚くなっており、男女差が問題視されていました。また、遺族基礎年金については、一緒に生活する親の収入が多いことや再婚等により、子どもの遺族基礎年金が支給停止となることも問題とされていました。社会経済状況の変化により、女性の就業の進展や、再婚家庭が増加していることなどを考慮し、遺族厚生年金制度の見直しが行われることになりました。

今回の改正では、遺族厚生年金の支給要件について、子どものいない配偶者の男女差、年齢差の部分について見直しが行われます。また、一定の要件に該当した子どもに対する遺族基礎年金が支給停止となる規定についても見直しが行われます。

おもな改正として、①20代から50代に死別した子のない配偶者の遺族厚生年金の見直し、②男女差の解消に伴う中高齢寡婦加算及び寡婦年金の段階的廃止、③子に対する遺族基礎年金の支給停止規定の見直しが行われる予定です。

① 20代から50代に死別した子のない配偶者の遺族厚生年金の見直し

現行の規定では、夫に生計を維持されていた当時30歳以上の子のない妻には期限がない無期年金として、30歳未満の子のない妻には5年間の有期年金として、遺族厚生年金が支給されることになっています。

今回の改正の方向性として、遺族厚生年金の支給対象者を20代から50代の間に夫または妻を亡くした子どものいない配偶者

支給要件の男女差

妻を亡くした夫については、妻を亡くした当時55歳未満の人は遺族厚生年金を受給することができないため、同じように配偶者を亡くしているにもかかわらず男性だと生活補償を受けられず、性別による差があることが問題視されていた。

有期給付の拡大に伴う配慮措置

以下の見直しが予定されている。
・配偶者の死亡時に、配偶者の厚生記録を分割し、遺された配偶者の年金に上乗せできる制度の導入
・亡くなった配偶者による生計維持要件のうち、収入要件（収入850万円未満）の廃止を検討
・有期給付の遺族厚生年金に上乗せする加算給付の創設

20代から50代で子どものいない配偶者に対する遺族厚生年金

	～30歳		60歳～
妻	5年の有期給付（現行通り）	有期給付の段階的な拡大	無期給付（現行通り）

※相当程度の時間をかけて段階的に施行

夫	施行日より、新たに有期給付の対象になる	無期給付（現行通り）

※有期給付の対象年齢については検討中であり、変更があり得る

に拡大し、男女ともに5年間の有期給付として支給することで、生活の再建を支援する方向性で検討されています。

② **男女差の解消に伴う中高齢寡婦加算及び寡婦年金の段階的廃止**

中高齢寡婦加算及び寡婦年金についても遺族厚生年金同様、現在は夫を亡くした妻のみを対象としたものとなっています。今回の改正では、中高齢寡婦加算及び寡婦年金についても段階的に廃止することにより、男女の差を解消する見直しが検討されています。

③ **子に対する遺族基礎年金の支給停止規定の見直し**

現在の制度では、子どもが遺族基礎年金の受給権を持たない父または母と生計を同じくしたり、祖父母など直系血族（または姻族）と養子縁組をした場合など、一定の要件に該当した場合は、子どもに対して遺族基礎年金を支給する必要性がないと判断され、遺族基礎年金が支給停止となる規定になっています。

今回の見直しの方向性として、生計を同じくする父または母があることによる、子どもに対する遺族基礎年金の支給停止の規定の見直しが検討されています。

> **子どもに対する遺族基礎年金の支給停止の問題点**
>
> 子どもに対する遺族基礎年金が支給停止になることを避けるために、親が再婚することを躊躇してしまったり、離婚した配偶者に引き取られた子どもの遺族基礎年金は支給停止になってしまう問題点などが指摘されていた。

PART 7　年金制度のしくみ

【監修者紹介】
森島 大吾（もりしま　だいご）

1986年生まれ。三重県出身。社会保険労務士、中小企業診断士。三重大学大学院卒業。観光業で人事労務に従事後、介護施設で人事労務から経営企画、経理まで幅広い業務に従事する。2020年1月に「いちい経営事務所」を開設。人事労務から経理まで多岐にわたる業務に従事していた経験と中小企業診断士の知識を活かして、給与計算代行や労働保険・社会保険の手続き代行だけでなく、経営戦略に寄与する人事戦略・労務戦略の立案も行い、ヒト・モノ・カネの最大化に向けたサポートをしている。2024年9月に社会保険労務士法人ノーツを設立。

監修書に、『入門図解 テレワーク・副業兼業の法律と導入手続き実践マニュアル』『入門図解 高年齢者雇用安定法の知識』『入門図解 危機に備えるための 解雇・退職・休業・助成金の法律と手続き』『失業等給付・職業訓練・生活保護・給付金のしくみと手続き』『株式会社の変更登記と手続き実務マニュアル』『最新 親の入院・介護・財産管理・遺言の法律入門』『社会保険・労働保険の基本と手続きがわかる事典』『労働安全衛生法の基本と実務がわかる事典』『休業・休職の法律知識と実務手続き』『身内が亡くなったときの届出と法律手続き』『高年齢者雇用安定法をめぐる法律問題』『図解で早わかり 改訂新版 最新 医療保険・年金・介護保険のしくみ』（小社刊）がある。

改訂新版　図解で早わかり
社会保険・労働保険のしくみと手続き

2025年1月20日　第1刷発行

監修者	森島大吾（もりしまだいご）
発行者	前田俊秀
発行所	株式会社三修社
	〒150-0001　東京都渋谷区神宮前2-2-22
	TEL　03-3405-4511　FAX　03-3405-4522
	振替　00190-9-72758
	https://www.sanshusha.co.jp
印刷所	萩原印刷株式会社
製本所	牧製本印刷株式会社

©2025 D. Morishima Printed in Japan
ISBN978-4-384-04955-8 C2032

JCOPY 〈出版者著作権管理機構 委託出版物〉

本書の無断複製は著作権法上での例外を除き禁じられています。複製される場合は、そのつど事前に、出版者著作権管理機構（電話 03-5244-5088　FAX 03-5244-5089 e-mail: info@jcopy.or.jp）の許諾を得てください。